WILJO HEINEN   KNUT HOLM

CAMP DELTA
Das USA-KZ in Guantánamo Bay

Das Umschlagfoto zeigt einen Blick von der Touristen-Station ‚Mirador Malone' über Guantánamo Bay. Das Foto wurde von Wiljo Heinen im Oktober 2002 aufgenommen.

Umschlag und Typografie: Wiljo Heinen

Preis: 5,10 €
SPOTLESS-Reihe Nr. 170
ISBN 3 - 937943 - 04 - 8
© 2005 by SPOTLESS-Verlag Berlin
10131 Berlin - Postfach 02 88 30
www.spotless.de
Alle Rechte vorbehalten
Druck und Weiterverarbeitung:
Biznes Partner IBC Poland

Gesetzt aus der Linotype Frutiger und der Maxima EF

Die folgenden Zeilen könnten an den Report eines Reisebüromanagers erinnern. Deshalb vorweg die Feststellung: Es ist der Bericht zweier Deutscher und da der »Beitritt« des einen Teils Deutschlands zum anderen erst 15 Jahre zurückliegt, sei getrost erwähnt, dass es sich um ein »Wessi«-»Ossi«-Duo handelt, das aus blanker Neugier und Sympathie Kuba besuchte und eines Tages laut Reiseplan zu einem Ausflug nach Guantánamo Bay aufbrach. Man ahnte nicht, dass dieser Ort eines Tages in die Schlagzeilen geraten und sie veranlassen würde, gemeinsam ein Taschenbuch zu schreiben.

»Einsteigen nach Guantánamo!«

Man frühstückte an jenem Tag wie an jedem Morgen, und dann rief die ebenso attraktive wie gebildete kubanische Reiseleiterin ohne die geringste Erregung: »Einsteigen bitte, nach Guantánamo!«

Als der Bus losrollte, tauchte logischerweise unter den Passagieren die Frage auf. »Wer war schon in Guantánamo?«

Es ergab sich: Niemand!

Immerhin kann Co-Autor Wiljo Heinen, der damals – exakt 2002 – gemeinsam mit seiner Frau durch Kuba tourte, nun dem Leser wenigstens

Auskunft geben, wo sich die USA-Marine-Basis und das modernste Konzentrationslager der Welt befinden. Er kann auch sogar beeiden, es gesehen zu haben, wenn auch aus der Ferne.

Guantánamo, das fast verträumt zu nennende Städtchen in den Ausläufern der Sierra Maestra, war Europäern lange, wenn überhaupt, vor allem durch den Song »Guantánamera« bekannt. Das weltweit längst als »Gassenhauer« bekannte Lied verdankt seinen Text – man mag es kaum glauben – José Martí, der zu den herausragenden Literaten der spanischen Sprache zählt und 1895 im Kampf gegen die Spanier um die Freiheit Kubas 42jährig gefallen war. Im unvergleichlichen Refrain seines Liedes wird eine schöne Bäuerin aus Guantánamo besungen. Pete Seeger hatte das Lied 1963 als »Solidaritätslied« für die kubanische Revolution populär gemacht und die USA-Friedensbewegung es zu einer ihrer »Hymnen« erkoren (was ihm in den USA augenblicklich Sendeverbot eintrug). Später sangen es Interpreten wie Joan Baez und Dean Reed um die Welt, bis es endgültig zum Evergreen auf beiden Seiten des Atlantiks wurde und blieb.

Aber wer denkt heute als erstes an dieses sehnsuchtsvolle Lied, wenn er das Wort »Guantánamo« hört?

Der Name des Städtchens ist inzwischen zum Inbegriff für das US-amerikanische Konzentrationslager auf der Insel Kuba geworden. Es steht für Folter, unmenschliche Haftqualen und wird – welch Hohn – auf US-amerikanischer Seite als Schauplatz des US-amerikanischen »Krieges gegen den Terrorismus« ausgegeben.

Einem Krieg, bei dem die Menschenrechte zu »Kollateralschäden« verkamen.

Noch einmal: Im Oktober des Jahres 2002 waren wir zu jenem Ausflug aufgebrochen. Er gehörte zum Standard-Programm unserer Touristik-Rundreise durch Kuba mit – man wagt es kaum mitzuteilen – einem früheren DDR-Botschafter als Reiseleiter. Das Ziel der Exkursion bestand darin, uns Einblicke in die sozialen Errungenschaften zu vermitteln, aber auch über die vornehmlich durch die 40jährige US-amerikanische Blockade entstandenen Probleme des revolutionären Landes zu informieren.

Es war am siebten oder achten Tag der Tour, als der »havanatur«-Reisebus – natürlich zu den Klängen von »Guantánamera« – losrollte. Das Städtchen – so bekannte die Reiseleiterin – sei eines der ärmsten des Landes.

In einem Vorort Guantánamos, die Straßen der Stadt waren längst Schotterwegen gewichen, besuchten wir die »letzte Schule vor der Sierra«. Hier – wir kamen aus dem Staunen nicht heraus – zeigte man uns eine Video- und Computerausstattung, von der im Jahr 2002 manche deutsche Schule träumte. Es war nicht etwa ein »Vorzeigeobjekt«, sondern ein Kapitel kubanischen Schulstandards. (Welch Glück für die OECD, dass Kuba in keinem PISA-Test zu finden ist.)

Die Begründung dafür, dass man in einem der ärmsten kubanischen Orte Computer auf den Schulbänken zu stehen hat, klang so banal wie einleuchtend: Die Vervielfältigung von CDs ist preiswerter, als der Druck von Büchern – und vollzieht sich obendrein schneller. So kann jeder Schule in kürzester Zeit und mit relativ geringem Aufwand ein aktueller Bestand an Lehrmaterial, Lexika und Literatur ausgeliefert werden. Und das wohlgemerkt auch am Rande der Sierra Maestra. (Und »nebenbei« lernt jedes kubanische Schulkind mit Computern umzugehen. Natürlich bietet das kubanische Schulsystem mehr als Computer...)

Nach dem Besuch der »Computer-Schule am Rande des Dschungels« nahm der Bus bergan Kurs auf eine Touristen-Station, von der vorher versichert wurde, dass sie innerhalb des militärischen Sperrgebiets um »Guantánamo Bay« lag.

Noch das Kinderlachen im Hinterkopf, hatten wir keine Illusionen, was uns erwarten würde. Unser erstes Ziel war ein »Aussichtspunkt«, von dem aus die Bucht von Guantánamo, und die US-Marinebasis mit dem Konzentrationslager zu überblicken sein sollte.

Im Jahr unserer Reise nannten die USA das Lager in ihrer Militärbasis noch »Camp X-Ray« (»Röntgenstrahl-Lager«), heute heißt es weniger anrüchig »Camp Delta«.

Einer aus der Reisegruppe fragte, was die Kubaner bewogen haben könnte, diesen »Punkt« in ihr Ausflugsprogramm aufzunehmen? (In jeder

Reisegruppe trifft man solche Fragesteller.) Wir alle wussten, welche Rolle der Tourismus derzeit im kubanischen Devisenhaushalt spielte. Eines der Tourismusbüros, namens »Gaviota«, erschloss auch ausgediente militärische »Attraktionen« und bot, neben der Benutzung von Bussen, Autos und Helikoptern, Ausflüge zu ehemaligen militärischen Einrichtungen »tourismusgerecht« an. Und neben zu Hotels umfunktionierten Gästehäusern gehörte dazu auch die Touristen-Station, die direkt neben dem Beobachtungsposten im kubanischen Sperrgebiet um die »Guantánamo-Bay-US-Naval-Base« errichtet worden war.

Als das Objekt entstand, ahnte wohl kaum ein Kubaner, dass die USA dort eines Tages das modernste Konzentrationslager der Welt errichten würden. (Wer den Begriff »Konzentrationslager« für übertrieben halten sollte, muss informiert werden, dass man 2004 begann, dort auch eine Hinrichtungsanlage zu installieren. Wie sich die von der Genickschusswand in Auschwitz unterschied, war noch nicht »aufgeklärt«.)

Der Bus fuhr stadtauswärts Richtung Sierra. Nach rund 10 km stoppte uns ein Militärposten: Doppelter übermannshoher Stacheldrahtzaun, Schranken, Wachposten. Es kam zu einer kurzen Unterredung zwischen Reiseleiterin und dem diensttuenden Posten, ein Papier wurde vorgewiesen, dann stieg ein Lotse der kubanischen Armee zu.

Die Fahrt wurde fortgesetzt, der Bus schlängelte sich über Serpentinen, inmitten von – wir Laien hielten es für – »Kakteenplantagen«, und erreichte nach einigen Kilometern sein Ziel.

Auf den ersten Blick war nichts aufregendes zu entdecken. Wir standen vor einer der üblichen kubanischen Touristen-Raststätten: Bar, Tische, Stühle, eine Veranda. Der zweite Blick verriet, dass hier alles ganz anders war: Die Station war mit Tarnnetzen überzogen. Eine Sicherheitsmaßnahme, vielleicht auch eine Variante, um allen drastisch zu signalisieren: Hier ist das friedfertige Kuba zu Ende!

Die »Dekoration« erzielte ihre Wirkung. Vielen blieb die freundlich servierte Mahlzeit im Halse stecken. Jeder spürte ohne ein erklärendes Wort: Nur ein paar hundert Meter weiter vegetierten hunderte Menschen, gefangen und gefesselt, bettelten bei den Aufsehern um einen Schluck Wasser und jederzeit konnte es einem dieser »Aufpasser« einfallen, einen missliebigen Gefangenen ein wenig zu foltern. Nur so, zum Spaß!

»Food and drinks« schmeckten dementsprechend.

Vielleicht um uns abzulenken, warfen wir einen Blick hinunter in die Landschaft der Bucht. Zu erkennen war nicht viel. Lediglich der um die Basis gezogene Sicherheitsstreifen der Kubaner hob sich gegen die dunkelgrüne Umgebung ab.

Auf der Terrasse stand eines jener »Touristen-Fernrohre«, wie man ihnen rund um die Welt begegnet, auf dem Eifelturm ebenso wie auf der Chinesischen Mauer.

Dies hier aber übertraf die anderen: Wo wird schon ein Blick in ein Konzentrationslager offeriert? Oder nach einer Drehung in die andere Richtung für ein paar konvertible Centavos Einblick in ein Dollarparadies angeboten? Die Einheimischen kannten das natürlich: US-Straßenkreuzer, johlende GI's, halbnackte Damen und das Schnellrestaurant einer berüchtigten US-Kette. Unser Interesse war minimal: Der Geldschlitz des Fern-Seh-Automaten blieb fast unbenutzt.

Auch ich bekenne: Ich habe mir den vergrößerten Anblick der orangerot gekleideten KZ-Häftlinge und ihrer bis an die Zähne bewaffneten Aufseher im wahrsten Sinne des Wortes erspart.

Ich erwähnte schon, dass man Oktober, schrieb. Es war nicht mehr ganz so heiß, wohl um die 35 Grad. Im Sommer erreichen die Temperaturen hier 45 Grad auf der Celsius-Skala. Im Schatten. Das Klima ist schwül-heiß, in der sumpfigen Bucht ist schwer zu entscheiden, was unerträglicher ist: die Hitze oder die Schwüle? Die Hemden kleben am Körper.

In deutschen »Medien« war oft zu hören und zu lesen, dass die Gefangenen in schutzlosen Käfigen, aber »unter karibischer Sonne« eingesperrt seien. Wer beim Begriff »karibische Sonne« an leichtgeschürzte Mädchen und am Swimmingpool servierte rumhaltige Eisgetränke denkt, sollte sein Bild sogleich korrigieren: 45 Grad empfindet man als wenig »karibisch«, wenn man bei ausgedörrter Kehle einen Aufseher um einen Schluck Wasser anbetteln muss. Wie unlängst von US-Bürgerrechtlern veröffentlichte Dokumente enthüllten, gehört dieser Schluck inzwischen zu den Vergünstigungen für »redebereite« Lager-Insassen.

Wer gesteht, mit Bin Laden verkehrt zu haben, kann vielleicht sogar mit einer Flasche kalten Wassers rechnen. Die Phantasie kennt keine Grenzen...

Ich fragte mich: »Was würden die kubanischen Sicherheitskräfte tun, gelänge es einem der ‚illegalen Kämpfer' zu fliehen?«

Ihn an die USA ausliefern, um dann vielleicht von den »Christiansens« angeklagt zu werden, die Folterungen der USA zu unterstützen? Es heißt in »den Medien« ohnehin »Guantánamo Bay, Kuba«, als ob dort Kubaner und nicht US-Soldaten als Folterknechte agieren.

Andererseits: Würden die Kubaner Flüchtigen helfen, würde die »Welt« garantiert anklagend behaupten, Kuba unterstütze – wie immer – den »internationalen Terrorismus«?

Die Kubaner hätten nie eine Chance, in solch verzwickter Situation irgendwo Sympathie zu finden.

Fazit: Wir haben die US-Basis »Guantánamo Bay« gesehen. Aus der Ferne. Erkennbar war nur der Sperrstreifen, der sie von Kuba trennt. Ein Stück Land unter US-Hoheit am Rande des kubanischen Dschungels. Bewacht von GI's auf der einen, Kubanern auf der anderen Seite. Auf der Terrasse, mit »food and drinks« und Fernrohr erlosch das Interesse bald. Wer reist schon um die halbe Welt, um derlei aus der Nähe zu betrachten? Aber – immerhin, so predigt uns nicht nur die »Tagesschau« – ist es Elend »unter karibischer Sonne«.

Die Mitarbeiter der Touristen-Station nahmen an diesem Tag so manchen ungeleerten Mittagsteller wieder mit zurück.

Wir rollten zur nächsten Station unserer Rundreise, und es wollte keine Stimmung mehr im Bus aufkommen. Wir wussten auch ohne Fernglas, dass wir einen Punkt der Erde besucht hatten, den man zu den schwärzesten zählen muss.

Ein Kapitel KZ-Geschichte

Man könnte an den aus Geschichtsbüchern überlieferten Spuren zweifeln: Das erste »echte« Konzentrationslager der Geschichte entstand 1896. Wo? Auf Kuba! Daraus erklärt sich auch, dass die spanische Sprache den Ursprung für dieses Jahrhunderte-Unwort lieferte: »campos de concentration«.

Allerdings konstatiert der Historiker: Die Idee stammte – wen wundert es? – aus den USA, die mit ihrer umzäunten Reservation für die von der US-Armee zwangsweise umgesiedelten Cherokee-Indianer 1838 die unmenschliche Tradition begründete. Nur klang »Reservation« umgänglicher als »Konzentrationslager«, konnte sogar den Eindruck entstehen lassen, man habe für jemanden ein Gegend reserviert.

Um die Geschichtsschreibung zu komplettieren, sei noch erwähnt, dass es der 7. USA-Präsident Andrew Jackson (1829-1837) war, der darauf gekommen war, wie man mit unliebsamen Andersdenkenden umgeht und den »Indian Removal Act« (umgangssprachlich übersetzt: Indianer-Wegräum-Gesetz) unterschrieb. Schwadronen US-amerikanischer Soldaten eskortierten im klirrenden Winter 1838 die 18.000 Cherokee auf dem langen Weg nach Oklahoma, 4.000 trafen dort noch lebend ein. Das dezimierte indianische Volk hat den Mordmarsch bis heute nicht vergessen. Er ging als »Trail of Tears« (Spur der Tränen) in die indigene Geschichte und die des Mutterlands der Freiheit und der Menschenrechte ein.

Die in der Folgezeit allerorts angelegten Indianer-»Reservationen« waren faktisch Konzentrationslager, aber es blieb einem spanischen General vorbehalten, als Urheber des Begriffs in die Geschichte einzugehen.

Im jahrelangen Kampf um die Befreiung Kubas von der spanischen Besatzung hatte Valeriano Weyler jene Bauern, die sich nicht am Aufstand beteiligten, unter Kontrolle bringen wollen und sperrte sie in Lager, nämlich in die »campos de concentracion«.

Die Briten erkannten schnell den »Nutzen« dieser Einrichtung und sperrten alle Aufständischen im Burenfeldzug in ähnliche Lager. Sie übersetzten den Namen aus dem Spanischen in »concentration camps« und bald erreichte er als

»Konzentrationslager« auch die deutsche Sprache. Um Irrtümern vorzubeugen: Dort fand man lange vor den Nazis Gefallen an dieser Variante des Umgangs mit politischen Gegnern: Bei Cottbus-Sielow und in Stargard (Pommern) wurden 1921 ganz offiziell die ersten »Konzentrationslager« eröffnet, in denen vornehmlich unerwünschte Ausländer eingesperrt wurden. Man muss nicht lange raten, wer schon damals die unerwünschtesten Ausländer in Deutschland waren: Juden!

Seit 1842 waren sie in Preußen und seit Gründung des Deutschen Reiches 1871 nicht mehr eingebürgert worden. Dass man sie – wie ursprünglich geplant – nicht auch noch abschieben konnte, lag an ein paar alten Gesetzen, die man nicht ohne weiteres außer Kraft setzen konnte, was der deswegen im Parlament befragte damalige Innenminister Severing schon 1923 mit unüberhörbarem Bedauern kommentiert hatte.

Erinnerung an den Nürnberger Prozess

Das Stichwort »Juden« reicht, um ins nächste Kapitel der Geschichte der Konzentrationslager zu gelangen. Die Faschisten schufen die grausamsten Lager, die je entstanden. Allerdings wurde seit Ende des Zweiten Weltkriegs unendlich viel getan, um die verheerende Realität dieser Lager abzuwerten, wenn nicht gar zu banalisieren. Nützlicher als alle Versuche, diesem Trend entgegenwirken zu wollen, ist ein Rückblick auf die Nürnberger Prozesse, ihre Dokumente, Protokolle, Urteile.

Das erscheint umso dringlicher, da man ihnen in deutschen Schulen und Universitäten heute kaum mehr die nötige Aufmerksamkeit schenkt. Dieses »heute« gilt für die Zeit seit 1990, denn niemand leugnet, dass die Naziverbrechen in der DDR vorrangiger Unterrichtsstoff waren.

Da sich in dieser Hinsicht vieles geändert hat, hielten es die Autoren für unumgänglich, den Nürnberger Prozessen einige Zeilen zu widmen. Und zum Beispiel an die Persönlichkeiten zu erinnern, die die Anklageschrift unterschrieben hatten: Robert H. Jackson für die Vereinigten Staaten, Francois de Menthon für die Französische Republik, Hartley Shawcross für das Vereinigte Königreich von Großbritannien und Nordirland, R. A. Rudenko für die Union der Sozialistischen Sowjet-Republiken. Das Dokument trug das Datum des 6. Oktober 1945.

Das Urteil war am 30. September und 1. Oktober 1946 verkündet worden. Es wurde ausdrücklich betont: Dem Gerichtshof ist die Vollmacht verliehen worden, alle Personen abzuurteilen, die Verbrechen gegen den Frieden, Kriegsverbrechen und Verbrechen gegen die Menschlichkeit nach den im Statut festgelegten Begriffsbestimmungen begangen haben. Diese Feststellung ist so wichtig, weil sie die Weltöffentlichkeit juristisch daran hindern müsste, dieses Urteil gestern, heute oder morgen zu ignorieren

In einem Rückblick auf seine Tätigkeit teilte das Gericht mit: Die Zahl der öffentlichen Sitzungen betrug 403, in deren Verlauf 33 von der Anklagebehörde benannte Zeugen und 61 Zeugen der Verteidigung gehört wurden. 380.000 Beweisurkunden wurden für die Politischen Leiter vorgelegt, 136.213 für die SS, 10.000 für die SA, 7.000 für den SD, 3.000 für den Generalstab und das Oberkommando der Wehrmacht, 2.000 für die Gestapo. (Das waren insgesamt 538.213 Dokumente!)

Die verschiedenen Artikel der Anklage enthielten auch Abschnitte wie ... »b) Kriegsverbrechen: nämlich Verletzungen des Kriegsrechts und der Kriegsbräuche. Solche Verletzungen umfassen, ohne jedoch darauf beschränkt zu sein, Ermordung, Misshandlung oder Verschleppung zur Zwangsarbeit oder zu irgendeinem anderen Zwecke der entweder aus einem besetzten Gebiet stammenden oder dort befindlichen Zivilbevölkerung...«

Der erste Angeklagte, der zu den faschistischen Konzentrationslagern befragt wurde, war »Reichsmarschall« Göring.

Protokoll: »Der amerikanische Hauptankläger Robert H. Jackson: 'Sowie Sie zur Macht kamen, hielten Sie es für notwendig, zur Aufnahme unverbesserlicher Gegner Konzentrationslager zu errichten?'

Göring: '... sie entstanden durch den schlagartigen Einsatz gegen die Funktionäre der Kommunistischen Partei, die ja gleich zu Tausenden und aber Tausenden anfielen... Es wurde notwendig, dafür ein Lager einzurichten, ein oder zwei oder drei.'«

Nach einem Disput unter den Anklägern über den Tatbestand, dass die Festgenommenen den Grund ihrer Inhaftierung nicht erfuhren, erklärte Göring: »Ich wollte nur ausführen, daß eine Verfügung erlassen worden war, daß Männern, die in das Konzentrationslager eingeliefert wurden, nach vierundzwanzig Stunden der Grund ihrer Einlieferung bekanntgegeben werden sollte und daß sie das Recht auf einen Anwalt hatten.«

In dem von Heydecker und Leeb bei Kiepenheuer und Witsch, Köln, 1958 erstmalig herausgegebenen zweibändigen Bericht »Der Nürnberger Prozess« wurden auch Aussagen von Befreiern darüber publiziert mit welchen Methoden die Häftlinge der KZ-Lager gequält worden waren:

»... Die Opfer, die wir vorfanden, waren dem Hungertode nahe. Sie waren tagelang stehend in enge Schränke gesperrt worden, um ihnen ‚Geständnisse' zu erpressen. Die ‚Vernehmungen' hatten mit Prügeln begonnen und geendet; dabei hatte ein Dutzend Kerle in Abständen von Stunden mit Eisenstäben, Gummiknüppeln und Peitschen auf die Opfer eingedroschen. Eingeschlagene

Zähne und gebrochene Knochen legten von den Torturen Zeugnis ab.

Als wir eintraten, lagen diese lebenden Skelette reihenweise mit eiternden Wunden auf dem faulenden Stroh. Es gab keinen, dessen Körper nicht vom Kopf bis zu den Füßen die blauen, gelben und grünen Male der unmenschlichen Prügel an sich trug. Bei vielen waren die Augen zugeschwollen, und unter den Nasenlöchern klebten Krusten geronnenen Blutes. Jeder einzelne mußte auf die bereitgestellten Einsatzwagen getragen werden; sie waren des Gehens nicht mehr fähig. ...«

»Die SA hatte in Papenburg gefangene Kommunisten auf besonders ‚originelle Weise' gepeinigt«, sagte Gestapo-Chef Diels aus: »Man hatte sie Heringslauge zu trinken gezwungen, um sie dann an heißen Sommertagen vergeblich nach einem Schluck Wasser lechzen zu lassen. Einer meiner Kommissare berichtete, daß sich dort die SA auch den ‚Scherz' geleistet habe, die Gefangenen auf Bäume klettern zu lassen; sie mußten in den Gipfeln stundenlang aushalten und in bestimmten Abständen ‚Kuckuck', rufen.«

Im Urteil des Nürnberger Gerichtshofes fand sich im Abschnitt c) die Passage zu den »Verbrechen gegen die Menschlichkeit. Nämlich Ermordung, Ausrottung, Versklavung, Verschleppung oder andere an der Zivilbevölkerung vor Beginn oder während des Krieges begangene unmenschliche Handlungen: oder Verfolgung aus politischen, rassischen oder religiösen Gründen in Ausführung eines Verbrechens oder in Verbindung mit einem Verbrechen, für das der Gerichtshof zuständig ist, unabhängig davon, ob die Handlung gegen das Recht des Landes, in dem sie begangen wurde, verstieß oder nicht.«

Diese vor 59 Jahren getroffene juristische Feststellung ist für die Bewertung Guantánamos von hohem Belang: Der für internationale Verbrechen zuständige Gerichtshof hatte damals bereits festgestellt, dass es belanglos ist, ob eine »Handlung gegen das Recht des Landes, in dem sie begangen wurde, verstieß oder nicht.«

Damit befindet sich die vom USA-Präsidenten verkündete These im Widerspruch, Guantánamo befinde sich – weil auf Kuba liegend – »außerhalb« der US-amerikanischen Gerichtsbarkeit. Noch deutlicher: Der jetzige Präsident der USA ignoriert das einst vom USA-Präsidenten des Jahres 1946 gebilligte Urteil des höchsten Gerichtshofes, der in der Welt bislang Recht sprach!

Diese Feststellung kann niemand entkräften, selbst die findigsten Juristen wären nicht imstande, sie auch nur in Frage zu stellen!

Ergo: Die US-amerikanische Regierung hat allein mit dem Lager in Guantánamo gegen internationales – und von den USA einst mit beschlossenem – Recht verstoßen!

Anklagerede in Genf

Diese Entdeckung machten verständlicherweise nicht nur die Autoren dieses Taschenbuchs. In vielen internationalen Debatten wurden ähnlich formulierte Feststellungen getroffen. Wir entschlossen uns, statt einer Kollektion dementsprechender Dokumentationen eine überzeugend formulierte Aussage auszuwählen und hier ausführlich zu zitieren.

Die AG Friedensforschung an der Kasseler Universität publizierte im Juni 2004 auf ihrer Internetseite eine der unbestritten profundesten Reden zum Thema KZ Guantánamo, die der in Frankreich lebende italienische Schriftsteller und Journalist Fausto Giudice am 8. Mai 2004 in Genf gehalten hatte.

Hier die maßgeblichen Auszüge seiner Rede:

»Ich war der Aufforderung der Organisatoren nachgekommen und hatte eine Rede vorbereitet, die die Sprechzeit von 20 Minuten nicht überschreiten sollte. Doch die Ereignisse der letzten Tage, der Skandal um die Fotos aus dem Gefängnis von Abou Ghraib im Irak (von den USA beaufsichtigtes irakisches Gefängnis, in dem Verbrechen der Aufseher begangen wurden, die die USA zwangen, wenigstens einige von ihnen formal vor Gericht zu stellen. A.d.A.), zwingen mich dazu, einige Bemerkungen, die nicht vorgesehen waren, voranzuschicken. Am besten beginne ich mit einem Witz: ‚Kennen Sie den Unterschied zwischen Guantánamo und Abou Ghraib? Na, in Guantánamo darf das Militärpersonal keine Digitalkameras benutzen'. General Geoffrey Miller hat sichergestellt, dass durch die interne Überwachung keine Informationen nach außen dringen. Es handelt sich hier um denselben Geoffrey Miller, der für die amerikanischen Gefängnisse im Irak zuständig war. Sein Motto ist ein Neologismus: man muss, so sagt er, die Gefängnisse im Irak ‚guantánamoisieren' (‚gitmoize'). Wer ist dieser Miller? Miller ist ein 54jähriger General, ehemaliger Fallschirmspringer und stammt aus Texas. Er war für das Lager in Guantánamo von Oktober 2002 bis März 2004 verantwortlich. Innerhalb von 18 Monaten hatte er ein leistungsfähiges Gefängnissystem aufgestellt, das er nun als Modell und Labor bezeichnet. Er soll nun dieses Modell im Irak einführen. Ein Modell, das mit den Worten ‚überwachen, bestrafen und befragen' umrissen werden kann.

Miller wurde nach Guantánamo berufen, da die Leitung des Camps unter dem heftigen Durcheinander vor Ort litt. Der erste Befehlshaber des Camps hatte seinen Posten nur von Januar bis Oktober 2002 inne. Das kam daher, dass dieser Reservegeneral, ein Spezialist des militärischen Informationsdienstes, zusätzlich auch Doktor Juris und Zivilrechtsanwalt ist. Also ein Jurist. Und dieser General Michael Dunlavey war nach einigen

Monaten und hinsichtlich der Ergebnisse der Befragung der Gefangenen ziemlich entnervt. Er flog also nach Bagram in Afghanistan, der amerikanischen Militärbasis in der Nähe von Kabul, von wo aus die Gefangenen nach Guantánamo geschickt wurden und schnauzte die CIA Agenten vor Ort an: ‚Hört endlich damit auf uns Mickey Mäuse zu schicken! Unter denen befindet sich kein einziger Terrorist!' Daher Exit (Abgang A.d.A.) Dunlavey.

Mit seinem Nachfolger, Rick Baccus, war es noch schlimmer: dieser General der Nationalgarde von Rhode Island hat sich gleich unbeliebt gemacht, weil er den Gefangenen Respekt zollte und sie mit ‚Salam Aleikum' begrüsste. Er hat seine Lage noch dadurch verschlimmert, dass er das Rote Kreuz darum bat, im Lager Plakate aufzuhängen, die den Gefangenen ihre Pflichten als Kriegsgefangene erklärten: sie waren nur dazu verpflichtet, ihren Namen, ihren Geburtsort und ihr Geburtsdatum und ihre Matrikelnummer zu nennen, weiter nichts. Baccus glaubte, dass die ‚illegalen feindlichen Kämpfer' Kriegsgefangene seien. Er hatte sich vollkommen getäuscht! Also Exit (Abgang) Baccus und Auftritt Miller.

Miller führt ein Sicherheits- und Kontrollsystem der Gefangenen ein, begründet auf einem Bestrafungs- und Belohnungssystem (die Belohnung könnte von einem Twinkie Schokoriegel oder einem Happy meal bis zum Transfer in einen Schlafsaal mit 9 Mitgefangenen gehen). Er perfektioniert das Modell von Guantánamo und wird dabei effizient von seiner rechten Hand unterstützt, die, wie könnte man es anders erwarten, Adolf McQueen heisst! Jetzt da er das Modell Guantánamo im Irak einführen soll, hat General Jay Hood seinen Job übernommen und führt das Regime von Miller in Guantánamo getreu weiter.

Nach diesen Bemerkungen komme ich nun zu meiner ursprünglichen Rede. Ich denke, es gibt auf dieser Bühne genügend hochqualifizierte Redner, die von Guantánamo vom rechtlichen Standpunkt aus sprechen können. Ich werde also versuchen, mich dem Thema von drei verschiedenen Seiten zu nähern: der politischen, strategischen und geschichtlichen. Ich denke es ist notwendig, Guantánamo in Zeit und Raum zu situieren, um zu verstehen, womit wir es hier zu tun haben.

Zuallererst eine Definition von Guantánamo. Die Definition, die vom Collectif Guantánamo (in Frankreich gegründete Organisation. A.d.A.) in seinem Gründungsaufruf im Feburar 2003 verwendet wird. Guantánamo ist das erste Off-shore-Konzentrationslager des Imperiums…

Off-shore ist der Begriff, den man verwendet, um die Ölplattformen im Meer zu bezeichen und er bedeutet ‚außerhalb des Territoriums'. Alle anderen Konzentrationslager befanden sich immer auf einem rechtlich definierten Territorium, im allgemeinen auf Nationalgebiet oder auf annektiertem Territorium, wie zum Beispiel dem von Nazis besetzten Polen. Und alle diese Lager hatten im Allgemeinen, zumindest der Form halber, interne juristische Strukturen und Instanzen und hingen sogar von formellen juristischen Instanzen ab, obwohl dies natürlich am Schicksal der Gefangenen nicht viel änderte. Bei Guantánamo handelt es sich um die Erfindung eines karzeralen Systems, das sich jeder Rechtssprechung entzieht. Kurz gesagt befinden wir uns auf dem Mond…«

(Hier haben die Autoren einzufügen, dass der Begriff »karzeral« faktisch eine Wortschöpfung von Fausto Giudice ist, der den alten deutschen Schulknast-Begriffs »Karzer« ins französische übertrug, vielleicht um die Besonderheit dieser Haftform zu unterstreichen. Vermutlich wollte er die Einmaligkeit deutlich machen, was ihm durch diese Vokabel durchaus gelungen ist.)

»Erstes Off-shore-Konzentrationslager des Imperiums: Ja, dies ist der frappierendste Aspekt von Guantánamo. Hier befinden sich Bürger aus 42 verschiedenen Ländern der Erde, verhaftet in Afghanistan, Pakistan, Gambia oder anderswo von Soldaten und Polizisten aus den USA und an einen Ort in der Karibik deportiert, der 24 Flugstunden von ihrem Heimatort entfernt ist. Die weltweite Tragweite des Phänomens ist offensichtlich. Die weltweite und imperialistische. In Guantánamo ist ein Mitgliedsland der UNO von insgesamt fünf vertreten. Guantánamo ist das erste weltweite Gefängnis eines Imperiums, das die Weltherrschaft anstrebt.

In den Siebzigern, zur Zeit der Baader-Meinhof-Gruppe und der Roten Brigaden, hatten einige deutsche Beamte ein Projekt entworfen, das ihre europäischen Kollegen mit einer gewissen Abneigung zurückgewiesen hatten: den Bau eines zentraleuropäischen Hochsicherheitsgefängnisses für alle Terroristen aus dem ‚gemeinsamen Markt', wie man damals sagte. Das Projekt wurde rasch verworfen. Heute verkörpert Guantánamo den schlimmsten paranoiden Alptraum, den man sich nur vorstellen kann.

Doch Guantánamo ist nur das Herzstück eines weltweiten Apparats, den wir die Galaxie Guantánamo getauft haben. Genau wie der Gulag hat die Galaxie Guantánamo zahlreiche Filialen und Niederlassungen. Die einen werden direkt vom Yankee-Imperium geleitet, die anderen werden von Verbündeten und Marquis geleitet, den Verwaltern der Randgebiete des Imperiums.

Zur ersten Kategorie gehört der Luftstützpunkt von Bagram, nahe bei Kabul, auf dem eine unbekannte Anzahl von ‚illegalen feindlichen ausländischen Kämpfern' festgehalten wird. Und dann gibt es da noch Diego Garcia, eine Insel im Indischen Ozean, die von den Engländern an das amerikanische Militär verpachtet wird und von der die 2000 Einwohner der Insel vertrieben wurden. Auf Diego Garcia werden wahrscheinlich die ‚grossen Fische' festgehalten, die man in Afghanistan und Pakistan gefangengenommen hat. Und man kann auch annehmen, dass andere geheime Gefangenenlager auf amerikanischen Militärstützpunkten in der Welt verstreut liegen.

Zur zweiten Kategorie gehört zum Beispiel das englische Hochsicherheitsgefängnis von Belmarsh, in dem seit mehr als 2 Jahren 12 moslemische Ausländer gefangengehalten werden, ohne Gerichtsverhandlung und jeglicher Rechte beraubt. Zwei weitere Gefangene, ein Libyer und ein Algerier wurden endlich vor kurzem aus diesem englischen Guantánamo freigelassen. Man kann auch noch das Gefängnis des Weissen Schwans im russischen Stavropol nennen, in dem sich 7 der 8 russischen Gefangenen aus Guantánamo befinden, die an Russland ausgeliefert wurden oder auch die Gefängnisse in Malaysia, in denen seit zwei Jahren mehr als 80 des Terrorismus verdächtigte Gefangene ohne Anklage schmoren.

Guantánamo ist das Zentrum eines Spinnennetzes, das sich über den gesamten Erdball erstreckt.

Es hat vielfache Funktionen:

Die erste besteht darin, die Terrorpropaganda voranzutreiben. Guantánamo als Bedrohung aller aufsässigen Kinder des südlichen Erdballs nach dem Motto ‚wenn Du nicht brav bist, dann schicke ich Dich nach Guantánamo'.

Die zweite Funktion ist die Dressur. Das Ziel des Haftsystems von Guantánamo war es, moslemische Männer, von magerer Gestalt, mit Bart, als fanatisch bezeichnet, solidarisch untereinander, zwangsläufig ignorant und schlecht erzogen weil sie ja nicht einmal englisch sprechen, kurz Wilde in fette Männer, Individualisten, Hamburger- und Coca-Cola-Liebhaber, Fans von Rockmusik und Pin-ups für Lastwagenfahrer, Leute, die dazu neigen, ihre Brüder zu verraten, kurz und gut in Modellkonsumenten des American Way of Life zu verwandeln. Die angeblichen Taliban sollen sich in Mister Smith verwandeln, in neue Alliierte des Imperiums. Man hat noch nicht versucht, sie zu Presbyterianern, Baptisten, Methodisten oder Episkopaliern zu bekehren, doch das kommt bestimmt noch.

Die dritte Funktion ist das Experimentieren mit neuen Gefängnis-, Disziplinar-, Befragungs- und, es muss gesagt werden, Foltermethoden. Dies fällt in den Laborbereich. Bei jedem neuen Feind hat das amerikanische imperialistische System nach neuen militärischen, politischen, ideologischen und polizeilichen Kampftaktiken gesucht. Und somit auch nach neuen Methoden zur ‚Überwachung, Bestrafung und Befragung'.

Guantánamo ist also kein improvisiertes Lager, sondern gut erdacht und vorbereitet, sogar noch vor dem 11. September 2001 und vor dem Krieg gegen Afghanistan. Der Stützpunkt auf Guantánamo wurde in den 90ern dazu benutzt, um die Boat People aus Haiti aufzunehmen und sollte die Flüchtlinge oder Gefangenen aus dem Kosovokrieg aufnehmen, doch dieser Plan wurde im letzten Augenblick geändert. Der Stützpunkt sollte die irakischen Gefangenen aufnehmen, doch auch dieser Plan wurde geändert, nachdem man herausgefunden hatte, dass Saddam Hussein vor Ort bereits ein ausreichendes Haftsystem zur Verfügung gestellt hatte. Doch die vierte und wichtigste Funktion von Guantánamo ist diese: es handelt sich um ein strategisches Befehlswerkzeug im Dienste der kriegerischen Diplomatie des Imperiums. Von Guantánamo gehen vielzählige Nachrichten aus, Direktiven an die Länder der Gefangenen. Lassen Sie uns einige dieser Direktiven nennen:

1. Die Befragung dieses oder jenes Ihrer Staatsbürger hat die Existenz dieses oder jenes Terroristennetzwerks in Ihrem Land bestätigt. Wir fordern Sie also mit Nachdruck dazu auf, diese oder jene Organisation oder diese oder jene Person zu bestrafen. Auf der Basis von surrealistischen Befragungen greifen das FBI und die CIA sogar in einer Reihe von Ländern direkt ein und überwachen die Verhaftungen. Das massivste Beispiel ist Pakistan und das blutigste der Yemen.

2. Die zweite Nachricht an Länder, deren Bürger in Guantánamo festgehalten werden:

Wenn Sie mit uns an unseren imperialistischen Projekten zusammenarbeiten, könnten wir Ihnen eventuell Ihre Gefangenen zurückgeben. Das ist in Bezug auf eine Reihe von Ländern passiert, denen einige ihrer Gefangenen wieder zurückerstattet wurden (unter anderem Pakistan, Afghanistan, Saudi Arabien, Sudan, Dänemark, Gross-Britannien, Tadjikistan, Algerien). Colin Powell hat eine solche Nachricht letzte Woche aus Kopenhagen an Frankreich gesendet. Er hat indirekt folgendes gesagt: wenn Frankreich zustimmt Truppen in den Irak zu senden, sei es auch nur, um die Mission der UNO zu unterstützen, dann könnten die sieben französischen Gefangenen frei gelassen werden. Die Gefangenen von Guantánamo spielen also in ihrer Person die Rolle von Botschaftern, wenn man sich daran erinnert, dass, historisch gesehen, Botschafter Geiseln waren. Guantánamo ist heute, früher bekannt auf Grund eines beliebten kubanischen Liedes, zum Schimpfwort geworden...«

Die Arbeit von Fausto Giudice verdient Respekt und Hochachtung. Eine ebenso solide wie seriöse Analyse des KZ Guantánamo, das sich nicht auf die Länge der Stacheldrahtzäune beschränkt, sondern die internationalen politischen Zusammenhänge transparent macht. Ohne diese Arbeit käme heute niemand aus, der den Fall Guantánamo untersuchen und analysieren will. Noch krasser formuliert: Mit einer Busfahrt zur kubanischen Touristenstation wäre die Frage nicht zu lösen.

Castro und Guantánamo

Andererseits: Diese »Ausflugs«-Fahrt an die kubanisch-kubanische Grenze auf Kuba wirft eine andere Frage auf, eine, die sich Millionen in der Welt jeden Tag stellen: Wie verhält sich eigentlich Fidel Castro?

Das Stichwort »Fidel« erinnert zunächst an alle hinlänglich bekannten politischen ökonomischen und sozialen Veränderungen auf Kuba. Der frühere Armenanwalt war 1959 mit seiner Armee nach Havanna marschiert, um den USA-hörigen Präsidenten Batista zu stürzen und in dem Eldorado der Korruption für Gerechtigkeit zu sorgen.

Das aber war für die Yankees schon zu viel verlangt. Castro blieb nur ein einziger Weg, der zum Sozialismus! Das wiederum bewog die USA-Oberen dem in ähnlichen Fällen bevorzugten Pfad zu folgen: »Der Typ wird aus dem Weg geräumt!«

Zuvor formierte man in Guatemala eine mit modernsten Waffen ausgerüstete Elite-Armee und ließ sie an Kubas Küste in der Schweinebucht landen. Das ließ sich – leichter als ein Mord – als »Aufstand des Volkes« deklarieren, scheiterte aber daran, dass sich Millionen Kubaner zu Fuß auf den Weg in die Schweinebucht machten, um die Invasoren in die von Krokodilen wimmelnden Sümpfe zu treiben und den Rest gefangen zu nehmen.

Das vier Abende während und weltweit im Fernsehen übertragene Verhör von 41 dieser Gefangenen im Saal des Gewerkschaftshauses gelangte in die Weltliteratur: Der deutsche Dichter Hans Magnus Enzensberger schrieb nach dem Protokoll das erfolgreiche Theaterstück »Das Verhör von Habana« und nannte sein Werk irgendwann treffend ein »Selbstbildnis der Konterrevolution«.

Die Niederlage in der Schweinebucht wird noch heute in den USA als »CIA-Waterloo« bezeichnet. Der US-amerikanische Präsident hatte zwar vor großem Publikum »Rache« versprochen und die Flagge der Invasionsarmee in Verwahrung genommen, aber eines Tages gab er sie den Exilkubanern ohne viel Aufsehen zurück...

Man weiß, wie Castro Kuba veränderte, in dem er nicht nur dafür sorgte, dass alle Kubaner lesen und schreiben lernten und die Säuglingssterblichkeitsrate heute niedriger liegt als in den USA, dass Kuba zum einzigen amerikanischen Land ohne Slums aufstieg, aber an dem 1903 geschlossenen Guantánamo-Vertrag vermochte auch er nichts zu ändern.

Am 11. Januar 2002 gab die Regierung Kubas eine Erklärung zu der Situation ab, die durch die Veränderungen in Guantánamo entstanden waren. Sie musste berücksichtigen, dass die USA seit über 40 Jahren einen gnadenlosen Feldzug gegen Kuba führt, dessen härteste Waffe die Blockade der Insel mit dem offen verkündeten Ziel, sie auszuhungern, war. In dieser Erklärung wurden wichtige Fakten wiederholt. Wenn wir sie dennoch wiedergeben, dann vor allem, um minutiös die kubanische Haltung zu der mehr als brisanten Situation deutlich zu machen:

»Der US-amerikanische Marinestützpunkt Guantánamo ist eine Einrichtung, die sich in einem 117,6 Quadratkilometer großen Gebiet des kubanischen Staatsgebietes befindet, das seit 1963 besetzt ist. Sie war das Ergebnis eines Abkommens über Kohleverlade- und Marineeinrichtungen, das zwischen der Regierung der Vereinigten Staaten und der von Tomas Estrada Palma geleiteten kubanischen

Regierung unterzeichnet wurde. Dies geschah unter Umständen, unter denen unser Land praktisch keinerlei Unabhängigkeit besaß, da ihm eine vom US-Kongress verabschiedete und von US-Präsident McKinley im März 1901 unterzeichnete Gesetzänderung aufgezwungen worden war, die als Platt-Amendment bekannt wurde, und während unser Land von der US-Armee nach deren Intervention in den Unabhängigkeitskrieg des kubanischen Volkes gegen die spanische Kolonialmetropole besetzt war.

Diese Gesetzänderung gab den USA das Recht, in Kuba zu intervenieren, und sie wurde dem Text unserer Verfassung von 1901 als Bedingung für den Rückzug der US-Truppen vom kubanischen Territorium aufgezwungen... Im Artikel II jenes Abkommens wurde wortwörtlich das Recht festgelegt, ‚alles Notwendige zu tun, um an diesen Orten die Bedingungen für deren ausschließliche Nutzung als Kohleverlade- oder Marineeinrichtungen – und für keinen anderen Zweck – zu schaffen.' Zusätzlich zu diesem Abkommen vom Februar 1903 wurde am 22. Mai des selben Jahres ein Permanenter Vertrag über die Beziehungen Kubas mit den Vereinigten Staaten unterzeichnet, in dem die 8 Klauseln des Platt-Amendments wortwörtlich übernommen und zu Artikeln des Vertrages werden.

21 Jahre später, am 29. Mai 1934, wurde im Geiste der US-amerikanischen Politik der ‚Guten Nachbarschaft' unter der Präsidentschaft von Franklin

Delano Roosevelt ein neuer Vertrag über die Beziehungen zwischen der Republik Kuba und den Vereinigten Staaten von Amerika unterzeichnet, der denjenigen des Jahres 1903 und damit das Platt-Amendment außer Kraft setzte. In diesem neuen Vertrag ... behielt man die Aufrechterhaltung des Marinestützpunktes von Guantánamo und die volle Gültigkeit der diesen Stützpunkt regelnden Normen bei. In bezug auf die besagten Normen, die weiterhin gültig waren, wurde im Artikel III des neuen Vertrages wörtlich Folgendes festgelegt: ‚Solange sich die beiden Vertragspartner nicht über die Änderung oder Abschaffung der vom Präsidenten der Republik Kuba am 16. Februar 1903 und vom Präsidenten der Vereinigten Staaten von Amerika am 23. Februar 1903 unterzeichneten Vertragsklauseln hinsichtlich der Vermietung an die USA von Grundstücken in Kuba für Kohleverlade- oder Marineeinrichtungen einigen, bleiben die Klauseln dieses Vertrages in bezug auf den Marinestützpunkt von Guantánamo gültig. Hinsichtlich dieses Marinestützpunktes bleibt die zwischen beiden Regierungen am 2. Juli 1903 geschlossene Zusatzvereinbarung bezüglich der Marine- oder Kohleverladeeinrichtungen in derselben Art und Weise und unter den selben Bedingungen auch weiterhin in Kraft.'

‚Solange der besagte Marinestützpunkt von Guantánamo nicht von Seiten der Vereinigten Staaten aufgegeben wird oder solange die zwei Regierungen keine Änderung seiner aktuellen

Begrenzungen vereinbaren, behält er weiterhin die zur Zeit beanspruchte territoriale Ausdehnung, mit den Begrenzungen zum Zeitpunkt der Unterzeichnung des vorliegenden Vertrages.'«

Es bleiben keine Fragen, die an Kuba zu richten wären.

Zuweilen wird verbreitet, Kuba sei an der Kündigung des Vertrages nicht sonderlich interessiert, weil er der Regierung Deviseneinnahmen sichere und in der Regel wird dann die so gern über Kuba verbreitete Grundregel »Devisen-um-jeden-Preis« ins Feld geführt.

Die Wahrheit ist: Die USA zahlen Kuba für das »Anmieten« jener 117,6 Quadratkilometer jährlich 2.000 Dollar nach alter Währungsrechnung. Das wären heutige 4.085 Dollar oder 34,7 Cent pro Hektar. (Nach augenblicklichem Eurokurs um die 0,22 Euro.) Die Summe zahlen die USA per Scheck, doch hat sich – wörtliche Formulierung in jener kubanischen Regierungserklärung – »Kuba aus elementarer Würde, und weil es absolut nicht damit einverstanden ist, was auf diesem Abschnitt unseres Staatsgebietes geschieht, geweigert, diese Schecks einzulösen. Sie sind an den Generalschatzmeister der Republik Kuba gerichtet, ein Amt und eine Institution, die seit langer Zeit nicht mehr existieren.«

Dass die Infamie der US-amerikanischen Politik und ihrer Verbündeten keine Grenzen kennt, macht folgendes Beispiel deutlich: Unlängst trommelte man im EU-Parlament die »Verbündeten«

zusammen und ließ sie in Strasbourg den jährlich gestellten Antrag einbringen, Kuba wegen »Verletzung der Menschenrechte zu verurteilen.«

Mit 376 gegen 281 Stimmen bei 26 Enthaltungen wurde der Inselstaat wegen angeblicher Verletzung der Menschenrechte und der Meinungsfreiheit »verurteilt«. Verlangt wurde die »unverzügliche Freilassung aller im Land aus politischen oder Gesinnungsgründen inhaftierten Häftlinge«. Das galt allerdings nicht für die in Guantánamo Angeketteten!

Die Geschichte eines Australiers

Den Namen bin Laden kennt die Welt. Wer hat je von David Hicks gehört? Er soll bin Laden zur Hand gegangen sein oder vielleicht auch Saddam Hussein. Aber genau weiß das niemand.

Wird man es je erfahren? Oder wird man wenigstens erfahren, ob dieser Hicks zu jenen gehörte, derentwegen US-General Michael Dunlavey von Guantánamo nach Bagram geflogen war, um die CIA-Agenten angezubrüllen: »Hört endlich damit auf uns Mickey Mäuse zu schicken! …«

Wie man von Davids Hicks' Vater erfuhr, war der nie ein Stubenhocker, auch kein nach Höchstnoten strebender Student oder gar ein Weltklasseathlet. Er ist ein eher ein typischer »Aussie«, wie sich die Australier gern selbst nennen. Einen »Aussie« stört es nicht, dass seine Heimat nur der fünfte Kontinent ist und Old England einst seine Zuchthäusler nach Australien verbannte. Im Gegenteil, die »Aussies« sind sogar ein wenig stolz darauf. Und auch darauf, dass sie manche Sitte ihrer Urväter übernahmen. Australier ereifern sich selten, wer Recht hat – sie wetten, weil das jeden Streit vermeidet.

Wir sind David Hicks nie persönlich begegnet, glauben aber, dass er ein solcher »Aussie« ist, seitdem wir im Internet die Seite »fairgofordavid« fanden, was – sehr locker übersetzt – soviel heißt, wie »Geh fair um mit David«.

Geschrieben hatte den Text eine Trudy Dunn. Wir sind ziemlich sicher, dass wir auch dieser Trudy nie begegnen werden, aber ihr Text gefiel uns und verriet vor allem einiges über David Hicks:

»Ich bin wie die meisten meiner australischen Mitbürger: Ich möchte alle Seiten einer Geschichte hören, bevor ich mir meine Meinung über eine Sache bilde. Außerdem glaube ich, dass jeder Mensch eine faire Behandlung verdient. Am 5. Februar 2002 traf ich mich mit Leuten der ‚Fair Go for David'-Kampagne, einer Gruppe von Menschen aus Adelaide, die meinen, dass David Hicks nicht gerecht behandelt wird.

Unter den Teilnehmern des Treffens waren Terry Hicks (Davids Vater) und Chris (Davids Onkel). Terry und Chris wirkten auf mich wie normale, sympathische ‚Aussies', wie man sie in den meisten australischen Familien findet: Freundliche, offene, realistische Menschen. Terry unterscheidet sich kaum von meinem eigenen Vater. Ich hatte nicht viel von der Familie Hicks in den Medien gelesen oder gehört und war brennend daran interessiert, ihre Geschichte zu hören. Davids Sicht der Geschehnisse können wir natürlich nicht hören, denn niemand darf ihn besuchen oder Kontakt zu ihm aufnehmen.

David Hicks wird in Kuba festgehalten, unter Terrorismus-Verdacht. Bislang ist David weder vor Gericht angeklagt worden, noch gilt er als Kriegsgefangener, da die USA offiziell keinen Krieg gegen irgendeine Nation führen. Aus Sicht der USA stehen ihm daher auch keine Rechte gemäß der Genfer Konvention zu. David ist australischer Bürger, geboren und aufgewachsen in Adelaide. Australien ist Verbündeter der USA – der Logik nach müsste er also von den USA ausgeliefert werden, um in Australien angeklagt und vor Gericht gestellt zu werden.

Während des Treffens erzählte Terry Hicks, dass eine Menge irreführender Informationen durch die etablierten Medien verbreitet würden. Man fragte ihn, ob er mit einem E-Mail-Interview einverstanden wäre, das im Internet veröffentlicht werden könnte, auf Seiten wie Indymedia and MWAW. Er stimmte zu.

FRAGE: Terry, lass uns mit etwas Leichten anfangen: Wie lange lebst Du in Australien?

TERRY HICKS: Ich bin in Australien geboren und lebe hier seit 59 Jahren.

FRAGE: Und David?
TERRY HICKS: Genauso. Er lebte hier 23 Jahre. 3 Jahre lang lebte er ab und an in Übersee. (nicht in Australien. A.d.A.)
FRAGE: Wie wirst Du damit fertig, dass Dein Sohn, in so großer Entfernung interniert ist?
TERRY HICKS: Es fällt mir sehr schwer, aber irgendwie schaffe ich es, oben auf zu bleiben.
FRAGE: Wenn ich die Zeitungen lese, bekomme ich die Vorstellung, dass David ein Söldner war. Hatte David irgendeine militärische Ausbildung in Australien?
TERRY HICKS: Nein.
FRAGE: Als was arbeitete er in Australien?
TERRY HICKS: Er hatte verschiedene Arten von Jobs. So arbeitete er als Landarbeiter im Northern Territory, in Queensland und am Golf von Carpenteria. Er arbeitete als Hilfsarbeiter in verschiedenen Jobs in Südaustralien und in der Hühner- und Känguruh-Verarbeitung in verschiedenen Unternehmen.
FRAGE: Als wir uns am 5. Februar trafen, sagtest Du, David sei seit frühester Kindheit abenteuerlustig gewesen. Könntest Du mir ein paar Beispiele nennen?
TERRY HICKS: David wollte alles mögliche ausprobieren, wie im Rodeo, wo er Bullen und Pferde ritt. Eine Leidenschaft von ihm war, auf See nach Haien zu fischen.

FRAGE: Wenn ich Dich das letzte Mal richtig verstanden habe, begann diese ganze Geschichte in Japan. Stimmt das?
TERRY HICKS: Ja.
FRAGE: Was machte David in Japan?
TERRY HICKS: Er trainierte Rennpferde.
FRAGE: Er scheint viele Talente zu besitzen. Du hast mir erzählt, dass eine Meldung in den japanischen Medien ihn veranlasste, das Land zu verlassen. Was war das?
TERRY HICKS: Er sah Berichte über den Kosovo-Krieg gegen Serbien, wo Menschen abgeschlachtet wurden. Er fühlte das Bedürfnis hinzugehen und ihnen zu helfen, und so schloss er sich der UCK an.
FRAGE: Die UCK wurde doch von den Vereinten Nationen unterstützt?
TERRY HICKS: Ja.
FRAGE: Wie lange war er dort?
TERRY HICKS: Etwa zwei Monate. Dann wurde er von den UN nach Hause geschickt, als man meinte, ausländische Hilfe sei nicht mehr nötig.
FRAGE: Danach kam er zurück nach Australien?
TERRY HICKS: Ja.
FRAGE: Damals begann er den Islam zu studieren?
TERRY HICKS: Ja. Er studierte einige Zeit in Gilles Plains.
(Anmerkung: „Islamic College of South Australia" - Islamische Hochschule Südaustraliens)

FRAGE: Hat er je mit Dir über seinen Glauben gesprochen?
TERRY HICKS: Ja. Sein Glaube bedeutete ihm sehr viel.
FRAGE: Nachdem er einige Zeit dort studiert hatte, ging er nach Übersee. Warum?
TERRY HICKS: Um seine Studien des Islam zu vertiefen und Alt-Arabisch zu lernen. Er wollte auch die alte Seidenstrasse durch den Himalaja bereisen. Die einzige Weise, dies in Sicherheit zu tun, war, der pakistanischen Armee beizutreten. Er patroullierte an der Grenze nach Kashmir.
FRAGE: Kannst Du mir sagen; wie er von Pakistan nach Afghanistan kam?
TERRY HICKS: Ich bin mir nicht sicher.
FRAGE: Korrigier mich bitte, wenn ich falsch liege: Die Taliban waren zu der Zeit die offizielle Regierung Afghanistans, nicht wahr?
TERRY HICKS: Ja.
FRAGE: Wie bezahlen die Studenten für ihre Unterkunft und Verpflegung?
TERRY HICKS: Sie studieren einige Wochen und einige Wochen verrichten sie Dienst in den Grenztruppen.
FRAGE: Nur damit ich Dich nicht falsch verstehe: Er studierte den Islam und seine Pflichten beinhalteten den Dienst in den Grenzpatrouillen?
TERRY HICKS: Ja.
FRAGE: Wurde David dafür bezahlt?
TERRY HICKS: Nein.

FRAGE: Er wird also nicht gerade reich nach Hause kommen?
TERRY HICKS: Nein.
FRAGE: Hast Du nach dem 11. September 2001 jemals mit David gesprochen?
TERRY HICKS: Ja, einmal.
FRAGE: Wo war er da?
TERRY HICKS: In Kandahar.
FRAGE: Wie reagierte er auf die Nachrichten über die Anschläge?
TERRY HICKS: Es schien, dass er von den Anschlägen nichts wusste.
FRAGE: Du sagst, er hatte keine Ahnung von den Anschlägen des 11. September?
TERRY HICKS: Meines Wissen nach nicht.
FRAGE: Sagte er Dir, wohin er nach dem Telefonat gehen würde?
TERRY HICKS: Kabul. Um die Gegend gegen die Nordallianz zu verteidigen.
FRAGE: Zur Verteidigung gegen die Nordallianz?
TERRY HICKS: Ja.
FRAGE: Von wem wurde David gefangengenommen? Von den USA oder der Nordallianz?
TERRY HICKS: Nordallianz.
FRAGE: Nicht von US-Truppen?
TERRY HICKS: Nein.
FRAGE: Soweit Du weisst, erfüllte David seine Pflichten als Student, indem er die Regierung gegen Angriffe der Nordallianz verteidigte, nicht der ‚Koalition'?
TERRY HICKS: Ja.

FRAGE: Wann wurde er gefangen genommen?
TERRY HICKS: Wir glauben am 9. Dezember.
FRAGE: Wurde David wegen irgendeines Verbrechens angeklagt?
TERRY HICKS: Nein.
FRAGE: Hast Du David seitdem gesehen oder mit ihm gesprochen?
TERRY HICKS: Nein.
FRAGE: Hast Du Fotos bekommen, so dass Du Dich vergewissern konntest, dass es ihm gut geht?
TERRY HICKS: Nein.
FRAGE: Hattest Du irgendeinen Kontakt?
TERRY HICKS: Ja, ein Brief kam über das Rote Kreuz.
FRAGE: Kannst Du garantieren, dass David nicht zu bestimmten Formulierungen gezwungen wurde?
TERRY HICKS: Ja, definitiv.
FRAGE: Was meinst Du, wo der Prozess gegen David stattfinden sollte?
TERRY HICKS: Hier in Australien.
FRAGE: Warum?
TERRY HICKS: Als ein australischer Bürger sollte die Regierung alles in ihrer Macht stehende unternehmen, ihn nach Australien zurückzuholen, so dass er sich hier gegenüber jeglichen Anschuldigungen verantworten kann.
FRAGE: Ich sehe immer nur das selbe Bild von David (das, auf dem er ein Gewehr hält). Wo, wann und warum wurde dieses Bild aufgenommen?

TERRY HICKS: Im Kosovo, beim Herumalbern mit seinen Freunden.
FRAGE: Das war also im Wesentlichen nur so ein Macho-Ding? Um ‚den Mann' vor seinen Kameraden herauszukehren?
TERRY HICKS: Ja.
...
FRAGE: Was können Menschen unternehmen, damit David eine faire Behandlung erhält?
TERRY HICKS: Viel Unterstützung. Und es muss Druck auf die australische Regierung ausgeübt werden, durch Briefe, die die Betroffenheit über seine Behandlung und seine Internierung in Kuba ausdrücken.«

Es könnte natürlich durchaus sein, dass eines Tages ein Ankläger in einem Verfahren gegen Hicks – von dem aber eben bislang niemand weiß, ob es je stattfinden wird – ein Dokument hervorholt, das den Beweis liefert, Hicks sei wegen Ladendiebstahls oder gar Vergewaltigung vorbestraft. Aber selbst ein rechtskräftiges Urteil wegen gefährlicher Körperverletzung würde nicht rechtfertigen, dass man ihn irgendwo in Afghanistan verhaftet, anschließend fesselt, nach Kuba fliegt und dort in einen Käfig sperrt.

Man weiß: Die in Guantánamo Eingesperrten werden des Terrorismus verdächtigt.

Wer ist ein »Terrorist«?

Wir präsentieren zwei Fälle: Der eine Mann heißt mit vollem Namen Luis Posada Cariles und ist ein

Kubaner, der nach Castros Sieg in die USA übersiedelte. Am 6. Oktober 1976 hatte er für einen Flug von Barbados nach Havanna gebucht, in Barbados seinen Koffer aufgegeben, sich aber dann aus dem Staub gemacht. Die Maschine der »Cubana de Aviación« hob vom Rollfeld ab und der Koffer explodierte Sekunden später. Man zählte 73 Tote, darunter die komplette Fechtnationalmannschaft Kubas. Dieser Akt des Terrorismus erschütterte die Welt und deshalb fahndete man mit einigem Eifer nach dem Täter. Man fand ihn eines Tages sogar und stellte ihn vor Gericht. Unerklärlicherweise in Venezuela. Auf bis heute nicht ermittelten Wegen entkam er aus dem dortigen Gefängnis und lebt seitdem unbehelligt irgendwo in Mittelamerika. Dass die gemeinhin auf ihren guten Ruf bedachte »New York Times« keine Bedenken hatte, ihn in ihrer Ausgabe vom 12. Juli 1998 als Interviewpartner zu präsentieren, erhärtete den Verdacht, der von kubanischer Seite oft geäußert worden war: Posada pflegt intime Beziehungen zu einflussreichen US-amerikanischen Kreisen!

Der zweite Fall von Terrorismus: Im Frühjahr 1997 wurde Kuba von mehreren Bombenanschlägen erschüttert. Insgesamt explodierten mehr als zehn Bomben in Touristenhotels in Havanna und im Badeort Varadero. Analysen kubanischer Spezialisten ergaben, daß der verwendete Sprengstoff aus den Vereinigten Staaten stammte. Als der 32jährige italienische Geschäftsmann Fabio di Celmo bei einem Anschlag ums Leben kam, erklärte der

Sprecher des USA-State Department, James Foley, ungefragt, dass »sich die USA zwar verpflichtet haben, einen friedlichen Übergang in Richtung Demokratie in Kuba zu fördern. Aber Washington würde niemals den Einsatz von Gewalt billigen, um diesen Übergang oder eine politische Organisation zu unterstützen.«

Foley gab keine Antwort auf die naheliegende Frage, wem gegenüber sich denn die USA verpflichtet hatten, einen »friedlichen Übergang« auf Kuba zu »fördern«.

Die kubanische Polizei klärte den Mord auf. Der Täter hieß Cruz Leon, war 26 Jahre alt und stammte aus El Salvador. Sein Motiv war das gleiche, wie das Posadas: Terror gegen Kuba. Die Mutter bat von El Salvador her Kuba um einen fairen Prozess. Den bekam der Mörder.

Er hatte ursprünglich bei einem zivilen Wachdienst in El Salvador gearbeitet und auch den Salon eines Autohändlers kontrolliert. Der hatte ihn einige Male zum Essen eingeladen. Zu einem Treffen brachte der Autohändler plötzlich einen Mann mit, den er als seinen Freund ausgab. Das war – wie sich bei der Untersuchung herausstellte – ein Exilkubaner aus der Agentenstaffel der sogenannten Nationalen Kubanisch-amerikanischen Stiftung, die 1980 von 14 exilkubanischen Millionären gegründet worden war. 13 waren, wie man herausfand, feste »Angestellte« der CIA. Die Stiftung gewann sehr schnell politischen Einfluss und rückte an die Spitze aller exilkubanischen Organisationen in den USA. Im Senat in Washington ist sie mit zwei Abgeordneten vertreten und beschäftigt nebenbei noch eine Schar von Lobbyisten, die die Sache der Exilkubaner vorantreiben sollen.

Als man Leon eröffnete, was man von ihm wollte, nämlich in kubanischen Touristenhotels Bomben hochgehen zu lassen, will er »einen Schreck« bekommen haben, aber nur weil Kuba in seinen Vorstellungen ein gut bewachtes Land war. Die Höhe der Mordprämie 4.500 Dollar pro Bombe ließ ihn die Angst vergessen.

Am 12. Juli 1997 legte er die erste Bombe im Hotel »Capri« in Havanna. Was ihm der Staatsanwalt vor allem vorhielt, war die Tatsache, dass im Hotel gegen Mittag ein Fest für die Kinder des Personals stattfinden sollte und er Zeuge der Vorbereitungen wurde. Die ersten Kinder waren schon eingetroffen, als er gegen 11 Uhr mit seiner Bombe die Hotelhalle betrat. Das brachte ihn nicht davon ab, sie »sachgerecht« zu verstecken, das Hotel zu verlassen und mit einer Taxe ins Hotel »Nacional« zu fahren, wo er die nächste Bombe in der Nähe der Telefonzentrale platzierte. Beide Bomben gingen hoch, in beiden Fällen gab es Verletzte. Die Kinder hatten das Glück, dass sie jemand eben hinausgeführt hatte, zu dem Platz nämlich, wo die Fete stattfand.

Cruz Leon kassierte und wurde ein zweites Mal losgeschickt. Wieder mit falschem Pass. Das war im September 1997 und diesmal sollte er mehr als zwei Hotels schaffen. Mit der Taxe ließ er sich zum »Triton« fahren, brachte seine Bombe unter und fuhr mit der gleichen Taxe ins »Chateau«, wo er ebenso zügig seine Arbeit erledigte. Das »Copacabana« war sein drittes Ziel. Dort bezahlte er den Fahrer, machte in der Toilette die Bombe scharf und ließ sie in einem der großen Aschenbecher verschwinden, die in Hotelhallen herumstehen.

Das »Copacabana« ist eines der neueren Hotels einer Fünf-Sterne-Kette. Die Halle ist mit brasilianisch wirkenden überdimensionalen Korbstühlen rund um die Tische möbliert. In einem dieser Stühle saß der 32jährige italienische Geschäftsmann Fabio Di Celmo. Als der Aschenbecher wie eine einschlagende Granate auseinanderflog traf Di Celmo ein Eisensplitter am Hals. Er verblutete innerhalb weniger Minuten. Zu diesem Zeitpunkt war ein Sonderkommando, das die Hotelanschläge aufklären sollte, Leon bereits auf den Fersen. Eine Gruppe auf der Straße spielender Kinder hatte sich eines Mannes mit einer Baseballmütze erinnert und die Toilettenfrau meldete, dass ein junger Mann längere Zeit auf der Toilette gesessen, aber merkwürdigerweise nicht gespült hatte. Als man ihn verhaftete, wusste niemand, dass er inzwischen noch in der berühmten »Bodeguita del Medio« gewesen war, jener Gaststätte, in der der legendäre Hemingway-Spruch mit dem Hinweis auf die exzellenten Mojitos hängt. Dort hatte er eine Bombe zwischen Wand und Kühltruhe unweit des Bartresens versteckt. Von einer Explosion in der »Bodeguita« schienen sich seine Auftraggeber besonders viel zu erhoffen. Selbst wer wenig von Kuba weiß, hat schon von ihr gehört. Leon hätte in dem Augenblick, da man ihn ergriff, gestehen können: »Fahrt schnell in die ‚Bodega' sonst krachts da auch noch!«, aber er schwieg, was ihm der Staatsanwalt verständlicherweise als strafverschärfend anlastete, weil es den terroristischen Vorsatz seiner Tat unterstrich.

Der Prozess gegen ihn fand im März 1999 statt. Alle, die ihn erlebt hatten, bestätigten, dass es ein juristisch untadeliges Verfahren war. Cruz wurde zu einer langen Freiheitsstrafe verurteilt.

Unbestritten aber ist: Sowohl der 73fache Mord Posadas wie der Leons waren ausschließlich von primitiven antikubanischen terroristischen Motiven bestimmt. Keine Eifersucht, kein Raubmord, purer politischer Terrorismus, in den USA ausgeheckt, in die Wege geleitet und finanziert.

Niemand weiß, ob David Hicks je vor einem Gericht stehen wird, aber heute steht bereits fest, dass niemand weltweit imstande sein wird, eine Parallele zwischen ihm und den Mördern Posada und Leon zu finden!

Sherlock Rose ...

Fausto Giudice blieb nicht der Einzige, der im Fall Guantánamo recherchierte. Der renommierte britische Journalist David Rose publizierte Ende 2004 ein exzellentes Buch mit dem betont kühl klingenden Titel »Guantánamo Bay«. Der Untertitel beseitigte indes jegliche Zurückhaltung: »Amerikas Krieg gegen die Menschenrechte«. Als Verleger fungierte der renommierte S.Fischer-Verlag (Frankfurt/Main).

SPOTLESS gilt im Vergleich zu S. Fischer allerhöchstens als »Küchentisch«-Verlag. So nannte uns ein Journalist 1993 hämisch – wegen unserer Auflagen. Die Themen, denen wir uns angenommen hatten – zum Beispiel Treuhandkriminalität – störten manchen im Lande. (Wir nahmen die Bezeichnung übrigens nicht übel und malten zum Spaß das Verlagslogo auf unseren Küchentisch, wo es noch heute zu erkennen ist.)

Natürlich war uns das Rose-Buch schon in der ersten Phase unserer Recherchen in die Hände gefallen. Man konnte auf die Idee kommen, ganze Kapitel wörtlich zu zitieren, aber wir verzichteten darauf, weil es zum einen die Urheber-Regeln verletzen würde und zum anderen den Verdacht aufkommen lassen könnte, wir seien Faulpelze. Deshalb entschlossen wir uns, darauf zu verweisen, dass sich Rose wie wir auf die Akten der

Nürnberger Prozesse bezogen hatte, und im übrigen nur ein einziges Beispiel wiederzugeben. Es unterstreicht die konsequente Gesetzlosigkeit des Vorgehens der US-Amerikaner und erhärtet unsere Feststellungen.

»Wahhab und Bisher al-Rawi sind Brüder und beide Ende dreißig. Geboren wurden sie im Irak, kamen aber als Kinder nach England, als ihr Vater von Saddam Husseins Geheimdienst verhaftet und gefoltert wurde. Zusammen mit der übrigen Familie nahm Wahhab die britische Staatsangehörigkeit an. Bisher dagegen behielt seine irakische Staatsbürgerschaft. Die Familie hatte im Irak wertvolle Ländereien zurückgelassen und meinte, wenn einer von ihnen Iraker bliebe, würde es leichter sein, ihr Eigentum zurückzufordern, sobald es mit Saddams Regime zu Ende wäre.

Im November 2002 reisten die Brüder zusammen mit zwei anderen Männern – dem Jordanier Jamil el-Banna, der seit 25 Jahren in Großbritannien lebte, und dem Briten Abdullah al-Janoudi – nach Gambia, jenem winzigen, nur etwa 30 Kilometer breiten Staatsstreifen an der Westküste Afrikas. Sie hatten eine neue Geschäftsidee: eine mobile Fabrikanlage zur Verarbeitung von Erdnüssen, die Gambias wichtigstes landwirtschaftliches Produkt bilden. Wenn sie mit dieser Anlage zu den Bauernhöfen führen, statt die Nüsse zu einer zentralen Fabrik zu transportieren, würden sie Kosten sparen und die Gewinne maximieren können. Die vier Männer hatten ihre Ersparnisse in das Projekt gesteckt, und Wahhab al-Rahwi hatte wieder eine Hypothek auf sein Haus genommen. Alles in allem brachten sie annähernd eine Million englische Pfund auf.

Wahhab fuhr als Erster los, und mit Unterstützung eines einheimischen Agenten gab er den größten Teil des Geldes für technische Ausrüstung, Fahrzeuge, ein Büro und sonstige Dinge aus. Als die anderen drei Männer in Gambias Hauptstadt Banjul eintrafen, stand Wahhab am Flughafen, um sie abzuholen. Aber dort wurden alle vier mitsamt dem Agenten vom gambischen Geheimdienst verhaftet. Der Agent wurde nach drei Tagen freigelassen. Die al-Rawi-Brüder und ihre Partner dagegen verschwanden, jedenfalls für die Außenwelt. ‚Beim ersten Verhör waren nur Gambier anwesend, und ich zeigte ihnen alle Papiere, die sich auf das Unternehmen bezogen', sagte Wahhab al-Rawi. ‚Wir waren in einem Raum im Hauptquartier des Geheimdienstes, und dann kam so ein riesiger Amerikaner rein. Er sagte, er heiße Lee, und er würde uns gern ein paar Fragen stellen. Er sagte, es würde nicht mehr als vier Tage dauern.'

Stattdessen wurden die vier Männer im Laufe der folgenden 27 Tage in verschiedene konspirative Wohnungen gebracht und dort in regelmäßigen Abständen vernommen, sowohl von Lee als auch von anderen Amerikanern und den Gambiern: mal allein, mal zusammen. Al-Rawi sagte, die Personen, die sie verhörten, hätten ihnen den Plan unterstellt, in einer ländlichen Gegend Gambias ein terroristisches Trainingslager aufzubauen, wobei sie die Fertigkeiten nutzen wollten, die sein Bruder Bisher sich bei seinen Hobbys – Tauchen und Fallschirmspringen – erworben habe. Diese Behauptung war, wie Wahhabi unterstrich, schon per se unglaubwürdig. Gambias größter Industriezweig ist der Tourismus, der nur deshalb läuft, weil es Menschen aus westlichen Ländern nach seiner tropischen Sonne gelüstet. In einer solchen Gegend würde es nicht leicht sein, ein Trainingslager zu verstecken. Außerdem ist Gambia zwar ein muslimisches Land, hat aber auch eine große christliche Minderheit. ‚Ich habe kooperiert; ich gab ihnen auf alles Antwort', sagte Wahhab al-Rawi. ‚Aber offenbar wussten sie nicht recht, was sie wollten. Bei einer Sitzung fragten sie sogar, ob ich für den britischen Geheimdienst arbeite.'

Es gab keine körperlichen Misshandlungen, so Wahhab, aber hin und wieder versuchten es Lee und seine amerikanischen Kollegen mit Drohungen: ‚Sie sagten: Wir sind hier, um dich zu schützen, ohne uns könnten sich die Gambier durchaus einen Mord erlauben. Doch mein Vater war unter Saddam in die Hölle gegangen und zurückgekommen. Es beeindruckte mich nicht.' … Die Familien der Männer drängten die britische Regierung, sich einzuschalten. Offenbar wurden im Fall der beiden britischen Staatsbürger Wahhab und al-Jahoudi Proteste vorgetragen. Aber was Bisher betraf, so teilte das britische Außenministerium seiner Familie mit, für ihn sei es nicht zuständig. Man riet ihnen, sich an die irakische Regierung zu wenden ... Wahhab al-Rawi und al-Jahoudi wurden schließlich freigelassen und mit dem Flugzeug nach England zurückgebracht. Die beiden anderen Männer wurden von den Amerikanern zuerst nach Bagram und einen Monat später nach Guantánamo verfrachtet. ‚Sie müssen sie irgendwann freilassen, sie haben nichts getan', sagte Wahhab zu mir. Aber er und seine Partner sind ruiniert. ‚Alles – alles, was wir investiert haben – ist weg. Wir haben nichts davon zurück-bekommen.' Tarek Dergoul hat Bisher in Gitmo kennen gelernt. Er habe ihm gesagt, er sei sicher, dass er und seine Freunde denunziert wurden, weil jemand die Absicht hatte, ihnen ihr Geld und ihre ganze Betriebseinrichtung zu stehlen. ...

Insgesamt, so heißt es in einem im November 2003 publizierten Bericht von Human Rights Watch, haben die Amerikaner ‚in wiederholten Fällen irrtümlich Personen festgenommen, deren Identität ihnen unbekannt war und von denen einige sich später als Zivilpersonen entpuppten, die nichts mit irgendwelchen terroristischen ... Aktivitäten zu tun hatten. Wie alle Häftlinge werden auch diese Menschen in unbefristeter Isolationshaft gehalten und je nach Laune der US-Beamten freigelassen oder nicht'. ... Bei meinem Besuch in Gitmo im Oktober 2003 erzählte mir einer der Wärter, er habe während seiner Zeit ‚hinter Stacheldraht' den Eindruck gewonnen, dass viele Gefangene gar keine Terroristen seien, auch wenn seine Vorgesetzten dies ständig beteuerten – seiner Ansicht nach seien mindestens 200 der in den Hochsicherheitstrakts Festgehaltenen völlig ungefährlich. Das Urteil eines ranghohen Beamten im Pentagon, der umfassende Kenntnisse über Guantánamo besitzt, fiel noch kritischer aus.«

Analyse eines Pachtvertrages

Profilierte Juristen hatten uns helfen wollen, für das Buch zu recherchieren, und waren schon bald bei der Frage steckengeblieben: Mit welchem Recht können die USA, die alle Welt rund um die Uhr auffordern, Menschenwürde zu achten, Menschenrechte zu wahren, Verträge zu respektieren, unablässig behaupten, ein Teil Kubas gehöre ihnen?

Ein Historiker verwies auf die Geschichte Alaskas. 1741 war es von den Russen Bering und Tschirikow entdeckt und für Russland in Besitz genommen worden. 1799 war die russisch-amerikanische Pelzkompanie gegründet worden, die stattliche Gewinne erzielte. Eines Tages mochten die Yankees diese Gewinne nicht mehr teilen und plädierten dafür, dass die USA Alaska kaufen sollten. Am Zarenhof in Petersburg hatte man keine sonderlichen Einwände und konnte obendrein jeden Dollar oder Rubel gut gebrauchen. Also kassierte der Zar 7,2 Millionen Dollar für die 1.518.800 Quadratkilometer

Alaskas, was umgerechnet etwa 21 Cent pro Quadratkilometer ergab.

Wie auch immer: Man hatte ein seriöses Geschäft abgeschlossen und beide Seiten alle Vertragsklauseln erfüllt. Seitdem gehörte Alaska zu den USA und am 3. Januar 1959 erklärte Präsident Eisenhower es zum 49. Bundesstaat der Vereinigten Staaten von Nordamerika.

Ganz anders ist die Lage im Hinblick auf Kuba: Es beginnt bei Nebensächlichkeiten. Zum Beispiel der Frage: »Heißt es korrekt ‚Guantánamo Bay in Kuba' oder ‚Guantánamo Bay auf Kuba'?« Diese Frage klingt so belanglos, dass die Autoren sie ohne jedes Risiko ignorieren könnten, aber bei näherem Hinsehen wird deutlich, dass der Unterschied gewichtig ist: »in« impliziert die Position »in einem anderen Land«, »auf« würde die Ausrede ermöglichen, »auf einer Insel«, was noch nichts über die staatsrechtliche Zugehörigkeit aussagt. Noch einmal: Der Unterschied scheint kaum erkennbar, wäre aber für Staatsrechtler von Bedeutung.

Nächste Frage: »Die US-Regierung behauptet, die Verfassung der USA gelte auf dem Gelände der US-Basis nicht. Wie sollte das zu erklären sein? Die Basis wird von einem USA-General kommandiert! Nicht vorstellbar, wie er reagieren würde, wenn jemand des Weges käme und ihm eröffnen würde: ‚Sorry, Sir, aber Sie haben hier gar nichts zu sagen. Versichert zumindest das Weiße Haus!'«

Der Fall wird in der gegenwärtigen Situation zunehmend unübersichtlicher, denn niemand bestreitet, dass die USA in »Gitmo« auf Kuba systematisch Menschen foltern.

Um der juristischen Antwort auf die Frage, ob die US-Basis inklusive des Folterlagers »in« oder »auf« Kuba liegt und demzufolge wohl ein Teil der Karibik-Insel ist aber nicht zum kubanischen Staat, gehört, konsultierten wir das Internet, in dem bekanntlich unendlich viel Fragen gestellt und auch beantwortet werden.

Nach emsiger Recherche fanden wir den Text des »Mietvertrages« zwischen den USA und Kuba, aus dem Jahre 1934, der das sogenannte »Platt-Amendmend« – die Details dieser weltweit einmaligen Vertragsklausel folgen an anderer Stelle – in der kubanischen Verfassung ersetzte. Zwischen den üblichen juristischen Floskeln, die im englischen keineswegs weniger verworren sind, als im deutschen, fanden wir im Artikel III dieses Vertrages die Verlängerung des 1903 formulierten Platt-Amendments, das – wenn schon darüber ein paar Worte verloren werden sollen – sogar als eine antiquierte Form des deutschen »Einigungsvertrages« deklariert werden könnte.

USA und Kuba hatten damals zwar ihre unverbrüchliche Freundschaft beschworen, ließen aber auch keinen Zweifel daran aufkommen, wer von beiden in entscheidenden Fragen das Sagen hatte.

Kern dieses Abschnitts des Vertrages war, dass die USA die Guantánamo Bay »mietete«. Jeder Mietvertrag enthält bekanntlich eine Kündigungsklausel. In diesem Fall fehlte sie und war durch die »Vereinbarung« ersetzt worden, dass das Mietverhältnis ohne Einwilligung der USA nicht beendet werden kann. Diese Klausel ließ keinen Spielraum, obwohl nirgends sonst in der Welt Verträge, die etwa das Recht von Kolonien beschreiben, noch gültig sind.

Anders zwischen USA und Kuba. Der Vertrag von 1903 bildet allen Ernstes die Grundlage für den Rechtsstatus der USA-Basis im Jahre 2004! Und niemand – außer Kuba – nimmt daran Anstoß. Auch nicht die ehrenwerte UNO.

Das ist der Passus im Wortlaut:

»Artikel III

Während die Vereinigten Staaten einerseits das Fortbestehen der letztendlichen Souveränität der Republik Kuba über die oben beschriebenen Land- und Wassergebiete anerkennen, stimmt die Republik Kuba andererseits zu, dass während der Dauer der Besetzung der oben genannten Gebiete durch die Vereinigten Staaten die Vereinigten Staaten die komplette Rechtssprechung und Kontrolle über das und innerhalb des Gebietes ausüben, ...«

Das »Gebiet« wäre demnach zwar Teil der Republik Kuba, doch lägen »Recht und Gesetz«, Polizei- und Militärgewalt in der Hand der US-Amerikaner. Rückfragen bei renommierten Völkerrechtlern ergaben, dass diese Klausel einmalig ist.

Aber sie wurde inzwischen sogar genutzt, um die »Rechtsgrundlage« für ein Konzentrationslager zu liefern!

Es besteht kein Zweifel daran, dass es sich faktisch um einen rechtsfreien Raum innerhalb der völkerrechtlichen »internationalen Gemeinschaft« handelt. Würde man Vergleichbares in der Physik entdecken, käme ein Nobelpreis in Frage. Noch krasser ausgedrückt: Es ist so, als hätte jemand ein 117 qkm großes Gebiet auf der Erde gefunden, auf dem keine Schwerkraft herrscht!

Aber: »Entdeckungen« dieser Art bleiben der »Rechtswissenschaft« vorbehalten.

Wer sich etwa darauf berufen wollte, dass der Vertrag zwischen den USA und Kuba doch 1934 »modernisiert« worden war, sollte sich mitteilen lassen, dass bei dieser Gelegenheit eine Klausel eingefügt wurde, nach der der Mietvertrag nur enden kann, wenn entweder die USA die Basis aufgeben, oder sich die beiden Staaten einvernehmlich auf eine Beendigung des Mietverhältnisses einigen (Artikel III des Vertrages von 1934).

Die aus heutiger Sicht logische Frage, warum Kuba 1934 diese Klausel akzeptiert hatte, muss mit der Gegenfrage beantwortet werden, wer wohl im Kuba des Jahres 1934 dafür in Frage gekommen wäre, den USA irgendwelche Schwierigkeiten zu bereiten? Der seit 1924 amtierende Diktator Machado – nach der Geburtsurkunde Kubaner, tatsächlich aber ein treu ergebener USA-Statthalter – hatte zwar 1933 mit den Staatsfinanzen nach den Bahamas fliehen müssen, weil seine Korruptionsherrschaft für alle unerträglich geworden war, aber man fand mühelos willfährige Nachfolger, die nie auf die Idee gekommen wären, den Vertrag so zu ändern, dass sich wenigstens ein Hauch von Gleichberechtigung für Kuba ergeben hätte.

Auf der britischen Website www.cuba-solidarity.org.uk/cubasi_article.asp?ArticleID=32 fanden wir die Einschätzungen eines führenden Experten des internationalen Rechts. Die Argumente, die Professor Alfred de Zayas von der kanadischen University of British Columbia in einem Vortrag im November 2003 über jenen Vertrag angeführt hatte, klangen schlüssig:

1. Der Vertrag wurde unter Gewalt aufgezwungen

Der Vertrag über die US-Basis in Guantánamo war von Anfang an ungültig, denn er kam unter Gewalt zustande. Nach vier Jahren der Militärherrschaft hatten sich die USA gegen eine Annexion (Kubas 1898, A.d.A.) entschieden. Statt dessen suchten sie ein System, das eine politische und wirtschaftliche Kontrolle ermöglichte. Die Antwort war die »Unabhängigkeit« Kubas unter US-Konditionen.

Die US-Regierung bestand darauf, dass es keine kubanische Verfassung geben dürfe, es sei denn, sie beinhalte einen Zusatz, der als jenes »Platt-Amendment« in die Geschichte einging und den USA jederzeit ein Recht auf Militärinterventionen in Kuba und auf den Besitz einer eigenen Marinebasis enthielt. Der Vertrag ... verwandelte Kuba faktisch in ein Quasi-Protektorat.

Die Artikel 51 und 52 der Wiener Konvention aber legen fest, dass jeder Vertrag, der unter Zwang geschlossen wurde, von vornherein unrechtmäßig also ungültig ist ...

2. Der Vertrag mag 1903 noch bindend gewesen sein, aber im nachkolonialen Zeitalter ist er in jedem Fall unrechtmäßig

Nach dem zweiten Weltkrieg setzte ein Prozess der Entkolonialisierung ein und neue Regeln und Prinzipien, auf Basis der Charta der Vereinten Nationen, sorgten dafür, dass veraltete, ungerechte, koloniale Gesetze verschwanden.

In den 1970ern hatte der Panamaische UN-Botschafter gegen den »Panama-Kanal-Vertrag« protestiert, weil er den USA für unbeschränkte Zeit die Rechte über den Kanal einräumte. ... Während der entsprechenden Diskussionen in der UN wurde eine »Resolution über freundschaftliche Beziehungen« aus dem Jahr 1970 zur Grundlage des internationalen Rechts erklärt. Der Vertrag über den Panama-Kanal war dadurch »überholt«. Nachzulesen ist das im modernisierten internationalen Recht in den Regeln der Vereinten Nationen.

Obwohl Kuba die UN mehrfach wegen der Rückgabe Guantánamos angerufen hatte, kam es bislang zu keiner Debatte.

3) Die Vertragsbedingungen wurden verletzt
...
Der Vertrag von 1903 betraf eine »Basis für Marineeinrichtungen und Kohleverladungen« und es

hieß in dem Vertrag ausdrücklich, dass jede kommerzielle Nutzung untersagt sei.

Jeder weiß, dass heute in Guantánamo Bay zahlreiche kommerzielle Unternehmungen zu finden sind, bis hin zu einer Bowlingbahn und jener Schnellrestaurant-Kette.

Das Konzentrationslager ist nicht unter kommerziellen Einrichtungen aufzulisten, verstößt aber eindeutig gegen die Einschränkung, dass dort nur eine »Basis für Marineeinrichtungen und Kohleverladungen« gestattet wird.

Der Vorläufer des KZ wurde von den USA als Lager für haitianische Flüchtlinge (in den 1990er Jahren), als Versorgungsbasis für die Invasionen in Grenada und Panama, für unzählige Provokationen gegen Kuba und, nicht zuletzt, für die augenblicklichen Aktivitäten genutzt. Alles dies sind eindeutige Verletzungen des Mietvertrages.

4) Der Vertrag bricht die Regeln der Souveränität

...

In diesem Fall wandten zahlreiche US-Regierungen ein, dass selbst ein umstrittener Mietvertrag gewichtiger ist, als die Souveränität eines ihrer Nachbarstaaten.

Artikel 56 der Wiener Konvention könnte eine Antwort hierauf geben, denn er erlaubt ... den Widerruf eines Vertrages, der keine Regel für eine Vertragsbeendigung enthält. Er zielt auf diese Art von Verträgen ..., die ... oft nach einem Regierungswechsel erlöschen.

Noch einfacher macht es Artikel 62, der eine Vertragsbeendigung erlaubt, wenn »sich die Umstände grundlegend ändern«.

Prof. de Zayas fasste seine Analyse bündig zusammen: »*Die fortgesetzte Besetzung von Guantánamo Bay ist eine unübersehbare Erinnerung an den Kolonialismus des 19ten Jahrhunderts, steht in komplettem Widerspruch zur Charta der Vereinten Nationen und wirft ein grellles Licht auf das Recht auf Selbstbestimmung ...*«

Der Mann hatte Recht, nur nicht Recht von der Art, wie es die USA akzeptieren, die sie seit langem ihr eigenes Recht pflegen...

Spitzenbeamter verliert die Nerven

Was sagen eigentlich die führenden Männer der USA zu den Vorwürfen, Menschen in Gitmo unter Verletzung weltweit geltender Gesetze festzuhalten?

Hier ein Zitat des USA-Vizepräsident Cheeney über die Häftlinge: »Dies sind die Schlimmsten der Schlimmen. Sie sind sehr gefährlich. Sie haben sich dem Ziel verschrieben, Millionen von Amerikanern – unschuldigen Amerikanern – umzubringen, wenn sie können, und sie sind hundertprozentig bereit, selbst dabei draufzugehen...«

Der Vizepräsident der USA hielt es nicht für nötig, auch nur die Spur eines Beweises für diese wirre Behauptung zu liefern. Das kann nicht überraschen, denn die USA verbreiten pausenlos unbewiesene Behauptungen. Zuweilen könnte man glauben, die Welt habe sich daran gewöhnt, wie an Hungersnöte oder die Hurricane-Plage.

Noch einmal: Die Chancen der SPOTLESS-Autoren als Reporter in das Konzentrationslager von Guantánamo zu gelangen, waren so gering, wie etwa die Aussichten, den Generalschlüssel der Bank von England für ein Wochenende auszuleihen. Deshalb mussten die vorhandenen Quellen akribisch untersucht werden.

Dabei stießen wir auch auf einen Beitrag von Augusta Conchiglia, die zuweilen für die renommierte Pariser Zeitung »Le monde diplomatique« tätig ist. Die exzellente Journalistin hatte akribisch die Situation im KZ Guantánamo beschrieben – und sie gehörte zu den wenigen, die es betreten durften. Die von uns verwendeten Zitate stammen aus einem Beitrag der »Le monde diplomatique« vom 16. Januar 2004:

»Fernab der Öffentlichkeit und unter Missachtung sämtlicher Bestimmungen des Völkerrechts sind seit fast zwei Jahren auf dem kubanischen US-Militärstützpunkt Guantánamo etwa 660 ‚feindliche Kämpfer' interniert, die in Afghanistan und Pakistan gefangen genommen oder von Drittländern ausgeliefert wurden. Die Maßnahmen stützen sich juristisch lediglich auf US-Präsidialdekrete, erlassen im Namen des ‚Kriegs gegen den Terrorismus'. Bis heute wurde gegen keinen der Gefangenen Anklage erhoben, auch die 2001 angekündigten Militärtribunale sind noch nicht eingerichtet.

Obwohl wir uns als Journalisten mehrere Tage in Guantánamo aufhielten, verwehrten uns die Wachmannschaften unter dem Kommando von General Geoffrey Miller jeden Kontakt zu den Gefangenen. Miller ist Chef einer Joint Task Force (JTF) und erhält seine Befehle unmittelbar aus dem Pentagon. Für Journalisten sind die Hochsicherheitszellen nicht zugänglich, sie bekommen nur die Gefangen aus Lager 4 zu sehen, also diejenigen, die sich ‚kooperativ' gezeigt haben. Doch auch mit ihnen dürfen wir keine Worte wechseln...

Auf dem Weg zur Hochsicherheitszone muss jeder Wagen durch orangefarbene Sperren Slalom fahren, um den Wachtposten die Fahrzeugkontrolle zu erleichtern. Seit der muslimische Gefängnisgeistliche und zwei Übersetzer unter dem – falschen – Verdacht der Spionage verhaftet wurden, hat man die Sicherheitsmaßnahmen verstärkt.

Als wir das Lager besuchten, war es mit 660 Gefangenen aus 42 Ländern belegt, aber insgesamt könnten die vier Blocks von Camp Delta bis zu 1.000 Häftlingen Platz bieten. Rings um die Anlage läuft ein Hochsicherheitsgürtel: ein mit grünem Kunststoffbelag ausgestatteter Korridor, gesäumt von hohen Metallgittern und Stacheldraht, der unter Hochspannung steht. Dazu die Patrouillen der Wachtposten und zusätzliche Aufseher, die auf den

Wachtürmen postiert sind. Nachts geht das Licht in den Zellen nie aus. Die Gefangenen stehen rund um die Uhr unter Beobachtung.

Unter diesen Haftbedingungen hat es in der Vergangenheit 32 Selbstmordversuche gegeben. Nach Angaben von Captain John Udmondson, dem Leiter der Krankenstation, leiden 110 Häftlinge (also jeder sechste) unter psychischen Störungen. Die meisten zeigen depressive Symptome, 25 von ihnen sind in psychiatrischer Behandlung. Zum Zeitpunkt unseres Besuchs wurde ein Häftling intravenös zwangsernährt – er war im Laufe eines Jahres mehrmals in den Hungerstreik getreten.

In drei der vier Abteilungen herrschen erbärmliche Bedingungen: Jede Abteilung hat 48 Zellen, zwei Reihen a 24 also, die jeweils knapp zwei auf zweieinhalb Meter groß sind. ... Dreimal in der Woche darf jeder Gefangene seinen Käfig verlassen, um für zwanzig Minuten allein in einem größeren Käfig mit Zementfußboden auf und ab zu gehen, hinzu kommt dreimal pro Woche eine fünfminütige Dusche. Jeden Weg legt der Gefangene dabei – so die Vorschrift – in Handschellen und Fußfesseln zurück, die Füße sind durch Ketten verbunden. ...

Dem US-Verteidigungsministerium ist daran gelegen, die äußerst schlechte öffentliche Meinung von der Lage in Guantánamo zu korrigieren. Deshalb hat man uns Journalisten eingeladen. Man zeigt uns auch das ‚Camp Iguana', ein kleines Haus mit Meerblick, das auf einem Felsvorsprung liegt, umgeben von einem Sicherheitszaun. Hier leben seit über einem Jahr die einzigen inhaftierten Jugendlichen (dreizehn bis fünfzehn Jahre), die auch als ‚feindliche Kämpfer' gelten. Man erzählt uns, dass sie Englisch lernen und Fußball spielen dürfen, außerdem haben sie ein Anrecht auf ein paar Videokassetten. Aber wir dürfen sie nicht treffen und erfuhren nicht einmal, aus welchen Ländern sie kommen.

Auch ein Abstecher in das ‚Camp X-Ray' steht auf dem Programm. Dort waren die Gefangenen am Anfang untergebracht, und von dort gingen die entsetzlichen Bilder um die Welt: Häftlinge in orangefarbenen Kitteln, gefesselt und auf den Knien vor ihren schwer bewaffneten Wärtern, in völliger Isolation, mit Schall-Ohrenschützern und Kapuzen über dem Kopf.

Das Präsidialdekret, das den Bau der Haftanstalt ... anordnete, war am 13. November 2001 ergangen, am selben Tag also, als die Truppen der Nordallianz die afghanische Hauptstadt Kabul eroberten. Damit stellte sich die Frage, wie man mit den Gefangenen verfahren sollte, die der US-Präsident als ‚enemy combatants' (feindliche Kämpfer) und Verteidigungsminister Donald Rumsfeld als ‚unlawful combatants' (unrechtmäßige Kämpfer) bezeichnet hat – Begriffe, die weder das US-amerikanische noch das internationale Recht kennen.

‚Die Regierung Bush will die feindlichen Kämpfer nicht als Kriegsgefangene anerkennen', erklärt Wendy Patten, Leiterin der Rechtsabteilung von

Human Rights Watch. ‚Und sie ist auch nicht bereit, sie Gerichten zu übergehen, die ihren Status bestimmen könnten – obwohl dies in der 3. Genfer Konvention festgelegt ist, die ja auch die Vereinigten Staaten ratifiziert haben. Vor den ‚Militärtribunalen' wird es keine fairen Verhandlungen geben, auch die Berufung vor einem ordentlichen Gericht ist nicht vorgesehen. ...

Die Einrichtung der Tribunale war die Idee des stellvertretenden Verteidigungsministers Paul Wolfowitz. Er benannte Richter und Anklagevertreter und entschied über die Besetzung der dreiköpfigen Berufungsinstanz, an die sich die Verurteilten wenden können, und ihm obliegt auch die Entscheidung, ob er die Empfehlungen dieser Instanz, letztlich übernimmt oder verwirft.

‚Die Militärs werden sowohl als Ermittler als auch als Ankläger, Verteidiger und Richter auftreten, und, falls Todesurteile gesprochen werden, auch als Scharfrichter', erklärte der britische Lordrichter Johan Steyn. ‚Und sie unterstehen allein Präsident Bush.' In seiner Philippika wandte sich Steyn gegen das ‚juristische Schwarze Loch von Guantánamo'.

Zwanzig Monate nach der Errichtung des Gefängnislagers auf Kuba und obwohl die Regierung in Washington noch immer keine Reaktion auf die Appelle westlicher Juristen und Regierungsstellen zeitigt, ist in jüngster Zeit eine unerwartete Wende eingetreten. Zur allgemeinen Überraschung beschloss der Supreme Court, die Beschwerden der Angehörigen von sechzehn Häftlingen (zwölf

Kuwaitern, zwei Briten und zwei Australier) zuzulassen: Am 10. November 2003 erklärte das oberste US-Gericht, es werde prüfen, ob es in die Zuständigkeit der amerikanischen Justiz falle, über 'die Rechtmäßigkeit der Inhaftierung von Ausländern zu entscheiden, die im Ausland im Zusammenhang mit Kampfhandlungen gelangen genommen wurden und auf dem Marinestützpunkt Guantánamo festgehalten werden.

David Cole, Juraprofessor an der Georgetown Universität (Washington) und Autor mehrerer Bücher zu autoritären Tendenzen nach dem 11. September hatte sich noch wenige Tage zuvor im Interview sehr skeptisch geäußert: ‚Nur 2 Prozent der Anträge an den Obersten Gerichtshof werden zugelassen, üblicherweise kommen dort nur Fälle zur Verhandlung, in denen untere Instanzen unterschiedliche Rechtsmeinungen vertreten haben.' Bezüglich Guantánamo hatten die beiden zuständigen Untergerichte jedoch die Auffassung der Regierung bestätigt: ‚Die amerikanische Justiz kann nicht tätig werden. weil sich der Stützpunkt Guantánamo auf kubanischem Territorium befindet.'

Am 9. November äußerte sich erstmals auch ein Führungsmitglied der Demokratischen Partei: Albert Gore erklärte bei einem Auftritt vor der Vereinigung für Verfassungsrechte in Washington: ‚Das Thema der Gefangenen in Guantánamo hat dem Ansehen Amerikas in der Welt besonders geschadet, sogar bei seinen Verbündeten (...) Die ausländischen Gefangenen müssen sich an ein

Gericht wenden können, um ihren Status zu klären. so wie es die Genfer Konvention vorsieht. (...) Verteidigungsminister Rumsfeld hat in der Frage der Gefangenen ungefähr ebenso viel Weitsicht bewiesen wie mit seinen Plänen für den Nachkriegsirak.' ...

Auch die Anwälte der Angehörigen von Gefangenen ließen nicht locker. Tom Wilner von der renommierten Kanzlei Shearman & Sterling in Washington, die für die Familien der kuwaitischen Guantánamo-Insassen tätig ist, trommelte eine ganze Reihe politischer Persönlichkeiten zusammen und versuchte permanent, die Medien zu mobilisieren.

Der frühere stellvertretende US-Außenminister William Rogers betonte in einem Gespräch, der Krieg gegen den Terrorismus dürfe nicht zum Vorwand werden, die Verfassung zu missachten. ‚Gegen derartige Tendenzen müssen wir unsere Rechtsprinzipien verteidigen und auf der Anwendung internationalen Rechts bestehen.' Rogers hatte wie Alexander Watson, ein weiterer ehemaliger Vizeaußenminister, eine ‚unterstützende' Beschwerde beim Obersten Gerichtshof eingereicht ...«

Und weil es haargenau hierher passt doch noch ein Zitat aus dem Buch von David Rose: »An einem eiskalten Januartag 2004 saß ich im Pentagon und interviewte einen Spitzenbeamten, der eng mit Rumsfeld zusammenarbeitete, in Sachen Besatzung im Irak. Er war spürbar auf der Hut und sagte in einer knappen Stunde nichts sonderlich Erhellendes. In einer Anwandlung fragte ich ihn, warum Amerika sich unter allen Orten der Welt für das Einsperren von Häftlingen ausgerechnet seine winzige Enklave auf Kuba ausgesucht hatte – einen abgelegenen und offenkundig unbequemen Standort. ... Erleichtert, dass er das Thema Irak endlich los war, ließ der Beamte für einen Augenblick seine Wachsamkeit fahren: ‚Weil die Rechtsberater sagten, dort könnten wir mit ihnen machen, was wir wollen', erwiderte er. ‚Kein Gericht wäre dort für sie zuständig.'«

Ein Geständnis, das fast jedem Gericht der Welt nicht nur zu denken geben, sondern dazu bringen würde, die dafür zuständigen Minister und Generale wegen grober Verletzung des Völkerrechts anzuklagen!

Aufschlussreiche Vergleiche

Die Frage ist berechtigt: Lassen sich die Bedingungen in Camp Delta allen Ernstes mit den Zuständen in deutschen Konzentrationslagern vergleichen?

Die Autoren hatten Hemmungen, diese Frage überhaupt aufzuwerfen. Allein die Gasöfen in Auschwitz lassen sie überaus gewagt erscheinen.

David Rose verdanken wir den Mut, das Risiko zu wagen – denn ihm gelang es, die Lagerordnung des USA-Lagers aufzuspüren. Er publizierte seine Entdeckung im britischen »Observer« vom 3. Oktober 2004.

In Guantánamo (GTMO in der Abkürzungssprache des US-Militärs) war sie mit »Detainee Standards of Conduct« (freie Übersetzung: »Verhaltensregeln für Internierte«) überschrieben und sollte dazu dienen, ähnlich wie die Lagerordnungen der Nazi-KZs, einen pseudo-rechtlichen Rahmen zu schaffen. Man könnte sie auch als eine Art »Rechtfertigung« für die Aufseher verstehen.

GTMO: Die fälschlich als »Verhaltensregeln« ausgegebene Lagerordnung beginnt mit den Worten: »Diese Regeln SIND von den Gefangenen ZU JEDER ZEIT zu befolgen. Eine Verletzung der Regeln führt zu strengster Bestrafung durch die US-Sicherheitskräfte«. Die Dimensionen dieser »strengsten Bestrafung« wurden allerdings nirgendwo im Dokument präzisiert, woraus zu schließen ist, dass es keine Grenzen gibt.

Die »Beliebigkeit« der Strafmassnahmen muss selbst bei kritischster Haltung gegenüber dem Vergleich zu den faschistischen deutschen Konzentrationslager als unübersehbar bezeichnet werden. Der deutsche KZ-Häftling war in dieser Frage ebenso rechtlos wie die der Häftling in »Gitmo«. Eugen Kogon, Autor des Standardwerks »Der SS-Staat« hatte in seinem Vorwort zu den zwei Bänden über die Nürnberger Prozesse geschrieben: »Dieses Buch erfüllt eine doppelte Aufgabe. Es unterrichtet, zum einen, über den folgenschwersten

Abschnitt der neueren deutschen Geschichte, den Nationalsozialismus. ... Eine doppelte Aufgabe, sagte ich. Die zweite, die das Buch erfüllt, ist der Beitrag, den es zu der Erkenntnis leistet, daß der Nürnberger Prozeß, obschon von den siegreichen Kriegsgegnern des Nationalsozialismus geführt, ein wichtiger Schritt auf dem welthistorischen Weg zur Bändigung der Gewalt durch das Recht war. Wie im Lauf der Jahrhunderte innerstaatlich, so muß schließlich international Recht werden, daß die Androhung und Anwendung von Willkürgewalt in der Regelung der menschlichen Beziehungen als kriminell gilt und gesetzlich geahndet werden kann. Die Basis der Legitimation aller Politik ist die Förderung der Menschlichkeit, die Sicherung ihrer Bedingungen.«

Das ist unmissverständlich und wirft auch für die Gegenwart die Frage auf, was »rechtens« ist, »rechtens« im Vergleich zu den Untaten, die in Nürnberg verurteilt worden waren.

Maßstab für einen Vergleich kann nicht die Zahl der Ermordeten sein, sondern allein die Willkür, mit der Recht verletzt wurde. (Deshalb ist es auch durchaus rechtens beide Lagerordnungen zu vergleichen.)

In der Lagerordnung von GTMO folgen Bestimmungen über die Essenseinnahme (30 Minuten stehen für die Mahlzeiten zur Verfügung) und die Beschränkung auf maximal 5 Minuten fürs Duschen. (Man gibt sich »human« mit Ausnahmen: »Amputierten werden 10-15 Minuten genehmigt«).

BUCHENWALD: Eugen Kogon beschrieb den Tagesbeginn in Buchenwald mit den Worten: »Bei Tagesgrauen wurde durch Pfeifen im Lager geweckt,... Innerhalb von dreißig Minuten mußte man sich gewaschen und angekleidet, gefrühstückt, das Bett ‚gebaut' haben - eine manchmal fast unmögliche Leistung.«

GTMO: 3. Gefangene WERDEN SICH NICHT respektlos gegenüber Personal der US Sicherheitskräfte oder anderen Gefangenen verhalten.

4. Gefangene haben die Anweisungen der US-Sicherheitskräfte JEDERZEIT zu befolgen.

AUSCHWITZ: 4. Zucht und Ordnung

Ohne Rücksicht auf Herkommen, Stand und Beruf befinden sich die Gefangenen ausnahmslos in einem untergeordneten Verhältnis. Ob alt, ob jung, hat sich jeder an militärische Zucht und Ordnung vom ersten Tage an zu gewöhnen. Alle SS-Männer bis zum Kommandanten des Konzentrationslagers sind Vorgesetzte der Gefangenen; ihren Befehlen ist unverzüglich und ohne Widerrede Folge zu leisten. Die Befugnisse der SS-Männer sind durch besondere Lagervorschriften geregelt; eine Überschreitung dieser Befugnisse wird bestraft.

GTMO: 5. Die Zellen der Gefangenen können und WERDEN zu jeder Zeit durchsucht werden.

6. Die Gefangenen WERDEN KEINE Belästigungen verursachen, KEINEN Ärger, KEINEN Schaden, oder auf andere Weise die Sicherheit und den Betrieb des Lagers beeinträchtigen.

7. Gefangene WERDEN Personal der US-Sicherheitskräfte und andere Gefangenen NICHT berühren, bespucken oder sie mit irgendeinem Objekt bewerfen. Wenn in der Zelle oder der Umgebung der Zelle Objekte gefunden werden, die nicht (Anm. d. Übersetzers: von den USA-Kräften) herausgegeben wurden, WERDEN die Gefangenen die US-Sicherheitskräfte darüber informieren.

8. Die Gefangenen WERDEN Geräusche auf einer niedrigen Gesprächslautstärke halten. Zu keiner Zeit ist es einem Gefangenen gestattet zu schreien oder sich ungebührlich zu benehmen. Zu keiner Zeit werden Gefangene zwischen den Blöcken kommunizieren.

AUSCHWITZ: 10. Verhalten im Lager

Johlen, Schreien und überlautes Rufen ist im Lager untersagt. Die Baracken und Unterkünfte dürfen nur durch die vorgeschriebenen Eingänge betreten und verlassen werden. Wer bei Tage oder Nacht durch ein Barackenfenster steigt, sich ohne Auskünfte auf Barackendächer begibt, Steine über die Lagermauer wirft, während der Nacht – zwischen Zapfenstreich und Wecken – die Baracke verlässt, wird ohne Anruf beschossen.

GTMO: 13. US-Sicherheitskräfte BEHALTEN SICH DAS RECHT VOR die obigen Regeln wenn nötig jederzeit zu ändern oder vorübergehend ausser Kraft zu setzen.

Es erübrigt sich jeder Kommentar.

Abschnitt 14 der Nazi-KZ-Lagerordnung lautete: »Jeder Schutzhaftgefangene darf im Monat

2 Briefe oder 2 Postkarten von seinen Angehörigen empfangen, oder an seine Angehörigen senden.«

Weiter wurde darin festgelegt, dass bei »Verbreitung abfälliger Bemerkungen« Strafen verhängt würden.

GTMO: Den Häftlingen ist jeglicher jeglicher Kontakt mit der Außenwelt untersagt.

Noch einmal sei betont: Vergleiche erscheinen unpassend – aber keineswegs absurd...

Wer verteidigt Menschenrechte ?

Niemand wird bestreiten: Es vergeht kein Tag, an dem in der Bundesrepublik Deutschland nicht Menschenrechte, Gerechtigkeit und Menschenwürde verteidigt werden.

Zum Beispiel: Als sich das Jahr 2004 dem Ende zuneigte, widmeten viele Medien den sozialen Sorgen vieler Menschen weniger Zeilen oder Sendeminuten, als der Frage, warum ein für ein hohes künstlerisches Amt in Berlin in Aussicht genommener Künstler irgendwann ein Formular des Ministeriums für Staatssicherheit der DDR unterschrieben hatte. Dieses Thema wird – wie man weiß – nach wie vor mit Vorliebe behandelt. Nicht in jedem Fall, aber – da eignet sich wieder mal der legendäre Sender Jerewan als Kronzeuge – »im Prinzip: Ja!« Der langjährige Ministerpräsident des

Landes Brandenburg und danach Bundesminister, Manfred Stolpe, leugnete nie, eine Verdienstmedaille jenes Ministeriums entgegengenommen zu haben, nur wurde bislang nicht geklärt, ob sie ihm ein Kirchen-Staatssekretär oder ein MfS-General ans Revers heftete. Dass er deswegen zurücktreten sollte, wurde kaum gefordert.

Der in den Vorweihnachtstagen in den Medien so umstrittene Künstler musste um seinen Job bangen, der Minister verlor schon lange kein Wort mehr über seine Kooperation mit dem MfS, die wir – um das klar zu stellen – ihm auch gar nicht vorwerfen würden.

Es geht eher ums Prinzip: Der Minister hat Kirchenobere als Männer, die ihm »Feuerschutz« gewähren, der Künstler ist auf sich selbst angewiesen und sucht verzweifelt nach Ausreden – besonders beliebt ist immer ein Hinweis darauf, dass der Betroffene vom MfS erpresst wurde.

Und was könnte das alles mit Guantánamo zu tun haben? Die Antwort liegt als Frage auf der Hand: Wie verhielten sich die deutschen Medien im Fall Guantánamo?

Wie reagierten Journalisten in dem Land, in dem heute noch die Unterschrift auf einem DDR-Papier reicht, um eine Existenz zu ruinieren? In dem Land, in dem man eine kostenaufwendige, vom Parlament berufene Enquetekommission zusammenholte, um angebliche Menschenrechtsverletzungen in der DDR zu dokumentieren?

Eine Berliner Zeitung hatte einen ihrer Stars aus Ostzeiten an den »Spiegel« vermittelt, damit der künftig aus New York Neuigkeiten für das Magazin nach Deutschland kabelte und nebenbei jedes Wochenende in der Berliner Zeitung noch eine Story schrieb, aus der die Berliner erfuhren, wie himmlisch Erdnussbutter schmeckt und welchen Film der Ex-Ost-Star letzte Woche in New York gesehen hatte. Uns interessierten die Filme, die der Ex-Ost-Star so schön fand, herzlich wenig aber wir lasen zuweilen die Storys, weil wir auf das Wochenende warteten, an dem er wenigstens ein paar Worte darüber verlieren würde, was New York dazu sagt, dass man im nahe gelegenen Mutterland alles »Bösen« – Kuba, versteht sich – ein KZ errichtet hatte – was man auch nicht gerade eine »gute« Tat nennen kann – und dort Menschen folterte. Wir hoffen, dass uns die Leser folgen können: Es musste nicht gleich ein Leitartikel sein, oder ein Appell an die USA, sich menschlich zu benehmen, aber wenigstens ein Seitenhieb.

Nichts! Nur Episoden des neuesten Films…

Also suchten wir andernorts. Auf der Internet-Seite der Zeitung, die die oberen BRD-Tausend lesen und die demzufolge zu den Menschenrechts-Vorkämpfern gehört (gemeint ist natürlich die »Frankfurter Allgemeine Zeitung«), las man am 17. Oktober 2004 (Das Datum ist von Belang, weil in unserem Taschenbuch genügend Hinweise geliefert wurden, wann die KZ-Folter in »Gitmo« begonnen hatte): »In dem amerikanischen Gefangenenlager auf dem Stützpunkt Guantánamo Bay auf Kuba sind unkooperative Gefangene einer Zeitung zufolge regelmäßig mißhandelt worden. Dies berichtete die ‚New York Times' am Sonntag unter Berufung auf Wachleute des Lagers und Mitarbeiter der Geheimdienste.«

Man beachte die gezielte Wortwahl der FAZ-Journalisten – als Quelle war »FAZ.NET mit Material von Reuters/dpa" angegeben –, die das KZ Gitmo noch im Oktober 2004 bewusst irreführend als »Gefangenenlager« bezeichneten.

»Das amerikanische Militär hat in der Vergangenheit lediglich von Einzelfällen dieser Art gesprochen, die keine gängige Praxis seien. Dem Blatt zufolge wurden unkooperative Gefangene bis auf die Unterwäsche ausgezogen und an Händen und Füßen gefesselt. Sie seien grellem Licht und lauter Musik ausgesetzt worden, während gleichzeitig die Klimaanlage voll aufgedreht worden sei.«

Wieder muss ein Hinweis auf den Umgang mit der deutschen Sprache eingefügt werden. Der Duden, der bekanntlich verbindlich über den letzten Stand der deutschen Rechtschreibung Auskunft gibt, führt das Wort »unkooperativ« überhaupt nicht. Dem Wort »unkonzentriert« folgt »unkoordiniert« und danach »unkörperlich«. Natürlich muss es FAZ-Redakteuren gestattet sein, die deutsche Sprache zu bereichern, aber in diesem Fall waren Risiken unübersehbar. Es begann damit, dass Häftlinge bekanntlich nicht generell »Gefangene« sind, vor allem aber kann kaum jemand verlässlich

Auskunft darüber geben, ab wann ein Gefangener als nicht mehr »kooperativ« also »unkooperativ« einzustufen ist? Noch dazu, wenn er in einem Konzentrationslager eingesperrt ist!

Verblüffend fuhr die FAZ mit der irritierenden Zwischenzeile fort: »‚Menschliche und professionelle' Arbeit« und ließ den Text folgen: »Dies sei über einen Zeitraum von bis zu 14 Stunden geschehen. Der Zeitung zufolge wollte sich das Verteidigungsministerium zu den Vorwürfen nicht äußern. Es habe in einer Erklärung darauf verwiesen, daß in Guantánamo ‚sichere, menschliche und professionelle' Arbeit geleistet werde. ... In dem Lager auf Kuba halten die Vereinigten-Staaten unter anderem mutmaßliche Moslem-Extremisten und Kämpfer der gestürzten Taliban-Regierung aus Afghanistan fest. Menschenrechtsgruppen haben die USA scharf wegen des Umgangs mit den Gefangenen kritisiert. Diese werden auf unbestimmte Zeit festgehalten und die meisten von ihnen ohne Anklage und ohne rechtliche Betreuung.«

Es folgte die nicht minder irritierende Zwischenzeile: »Bewegung im Fall des Guantánamo-Häftling aus Bremen« und der Text: »Trotz knapp dreijähriger Haft im amerikanischen Internierungslager Guantánamo Bay auf Kuba geht es dem in Bremen aufgewachsenen Türken Murat K. offenbar gut. Der 22-Jährige mache ‚sowohl körperlich als auch mental einen erstaunlich gesunden Eindruck', sagte der New Yorker Anwalt Baher Azmy, am Wochenende dem ‚Spiegel'.

Er hatte K. vergangene Woche erstmals besuchen dürfen; vier Tage lang konnte er den mutmaßlichen Islamisten für jeweils fünf bis sechs Stunden sprechen. Da die Indizien aus Sicht der Anwälte dünn scheinen, könnte nach ihrer Hoffnung eine Entlassung schon bald nach den amerikanischen Präsidentschaftswahlen Anfang November erfolgen.«
Um es kurz zu machen: Die Präsidentenwahlen, deren Termin, Verlauf oder Ausgang ohnehin nicht das geringste mit dem Haftmotiv in Guantánamo zu tun hatten, gingen vorüber und an der Lage des KZ-Häftlings änderte sich nichts...
Spuren von energischem Protest gegen die maßlose Verletzung der Menschenrechte in Guantánamo waren auch im weiteren Verlauf dieses Beitrags nicht zu entdecken. Allerdings wurde darauf verwiesen, dass sich Amnesty international »erschüttert gezeigt« habe.
Über jenen Türken hatte übrigens »Der Spiegel« schon in der Ausgabe Nr. 42 des Jahrgangs 2002 berichtet: »Das letzte Lebenszeichen von Häftling JJJFA ist eine abgegriffene Postkarte, geschrieben laut Absenderadresse am 10. März in Camp X-Ray. Zwei Monate hat die amerikanische Militärzensur gebraucht, die dürren acht Zeilen in türkischer Sprache zu überprüfen, ehe die Nachricht auf den Weg nach Bremen gehen durfte. ‚Ich weiß nicht, wann ich wieder zurückkomme'. hat der Autor in krakeliger Handschrift notiert: ‚Das kann nur Gott wissen.'

Da muss wohl selbst der Allmächtige passen. Denn Murat Kurnaz, 20, alias Gefangener JJJFA, ist Häftling im berüchtigten Camp X-Ray in Guantánamo Bay, Kuba. Der von den Amerikanern kontrollierte Stützpunkt ist zum Alcatraz der Moderne geworden mit Ausnahme eines geistig Verwirrten durfte bislang keiner der rund 600 Häftlinge das Gefängnis wieder verlassen.

Bald ein Jahr nach der Festnahme von Kurnaz sind sich die Amerikaner mittlerweile sicher, dass der ‚Bremer Taliban' bestenfalls ein kleines Licht im weltweiten Dschihad war. Ein Mitläufer, der vielleicht zu einem Mudschahidin Bin Ladens geworden wäre, wenn ihn nicht vorher US-Ermittler geschnappt hätten. Monatelang befragt nach dem Qaida-Netzwerk, lautete Kurnaz' Antwort immer gleich: Wisse er nicht. Kenne er nicht. Könne er nicht sagen.

Das ist wohl wahr – und hilft ihm dennoch nicht. Noch immer hat der Häftling aus Deutschland, der türkischer Staatsbürger ist, keinen Anwalt gesehen und nicht mit seiner Familie sprechen dürfen. Ihm ist noch nicht einmal gesagt worden, was gegen ihn vorliegt. So haben die Amerikaner ausgerechnet auf Kuba das geschaffen, was sie Fidel Castro immer vorwarfen: ein Niemandsland, in dem nicht Recht und Gesetz gelten, sondern die Interessen des Militärs.«

Der »Spiegel« hatte also immerhin einen Seitenhieb riskiert und sogar Fidel ins Spiel gebracht, was einiges heißen wollte, denn der marschiert doch gemeinhin an der Spitze der »Bösen«.

Flugs berief man sich dann auch wieder auf andere Protestierer: »Die Guantánamo-Gefangenen müssten sofort freigelassen werden, fordert Amnesty International – oder, wie in einem Rechtsstaat üblich, endlich vor ein ordentliches Gericht gestellt werden. Auch das deutsche Verteidigungsministerium sorgte sich in einer Stellungnahme: Ein ‚zeitlich unbegrenztes Festhalterecht' sei ohne richterliche Überprüfung mit ‚internationalen menschenrechtlichen Mindeststandards unvereinbar'«

Ahnungslos, dass er eines Tages sogar im Zusammenhang mit einem US-amerikanischen KZ zitiert werden könnte, hatte Schiller schon 1800 in seinen »Piccolomini« geschrieben: »Spät kommt Ihr – Doch Ihr kommt! Der weite Weg entschuldigt Euer Säumen.«

Das galt rund zweihundert Jahre später für das bundesdeutsche Verteidigungsministerium, das endlos lange gebraucht hatte, um anzumerken, wie das Verhalten der Yankees in »Gitmo« zu beurteilen war. Schillers »langer Weg« ließe sich nachträglich als das Risiko ausdeuten, das entsteht, wenn Berlin Washington kritisierte.

Der »Spiegel« hatte noch andere Zeugen aufurufen: »Der amerikanische Ex-Außenminister Warren M. Christopher empört sich gar: Er fühle sich beim Umgang der US-Regierung mit Terror-Verdächtigen an Verhältnisse wie in Argentinien erinnert, wo Leute einfach spurlos verschwunden seien.

‚Juristisch ist Guantánamo Bay ein schwarzes Loch', klagt der Rechtsanwalt Bernhard Docke, der von Bremen aus die Familie von Murat Kurnaz vertritt. Für Strafverteidiger ist es eine furchtbare Erfahrung zu sehen, dass das internationale Rechtssystem so eklatant versagt.'

Kühl konterten die Anwälte der US-Regierung, die Gefangenen würden unter ‚die Autorität des Präsidenten' als oberstem Befehlshaber des Militärs fallen und unter Kriegsgewohnheitsrecht. Zivilgerichte seien vorerst gar nicht zuständig. Im Übrigen handele es sich bei den Häftlingen nicht um irgendwen, sondern um Terroristen und ihre Unterstützer.

Mittlerweile mehren sich allerdings die Zweifel, ob auf Kuba überhaupt wirkliche Terroristen sitzen. Selbst die Amerikaner geben intern zu, dass in Guantánamo Bay viele Mitläufer festgehalten werden, Verwirrte und Verirrte. Viele also, die wie der Bremer Kurnaz für Allah kämpfen wollten, den Taliban aber bestenfalls als Fußvolk dienten.

Wie andere Muslime aus Deutschland auch hatte sich der gelernte Schiffbauer im vergangenen Herbst auf den Weg Richtung Hindukusch gemacht. Kurnaz nahm am 3. Oktober die Maschine Pakistan International Airlines PK 768 von Frankfurt nach Karatschi, zahlte rund 600 Euro für das Ticket. Der Rückflug war für Anfang November vorgesehen, aber Kurnaz stornierte die Buchung und tauchte stattdessen wohl im Reich Mullah Omars unter.

Um die Jahreswende griffen ihn Soldaten in einem Treck Richtung Pakistan auf, auf der Flucht vor den tödlichen ‚Daisy Cutter' der US-Bomber. Wenig später flogen ihn die Amerikaner in einem der ersten Gefangenentransporter nach Kuba, 25 Stunden, gefesselt mit Handschellen, isoliert durch Kopfhörer und abgeklebte Skibrille.

Anfangs schien den Amerikanern der Türke noch als besonders interessanter Fang: Bremen, argwöhnten die US-Fahnder, liege doch ganz nah bei Hamburg, dem deutschen Terrornest. Und war sein engster Freund Selcuk B., der ursprünglich mit nach Pakistan wollte, nicht regelmäßig nach Hamburg gefahren, um dort religiöse Freunde zu treffen? Wusste Kurnaz vielleicht sogar etwas über die Vorbereitungen der Anschläge vom 11. September? Die Spekulationen erwiesen sich schnell als haltlos. ...

Im Februar dieses Jahres stellte die Bundesanwaltschaft ihre Prüfung des Falls ein. Eine Einbindung in eine ‚radikale, gewaltbereite Vereinigung', konstatierten die Karlsruher Bundesanwälte, sei ‚nicht zu erkennen'. Auch die Bremer Staatsanwaltschaft hat ihr Verfahren wegen des Verdachts auf Bildung einer kriminellen Vereinigung auf Eis gelegt. ... Reicht das für eine Internierung im Lager auf Kuba als wäre der Bremer ein enger Vertrauter Osama Bin Ladens?

Juristisch wohl nicht. Aber in Guantánamo Bay geht es um mehr ...

Doch der Druck wächst. Anfang September bestellte die schwedische Außenministerin Anna Lindh den US-Botschafter ein: Schwedische Diplomaten müssten endlich Zugang zu ihrem Landsmann erhalten, monierte Lindh und merkte verschnupft an: Es sei ‚bemerkenswert', dass die USA den Gefangenen offenbar nicht einmal das Recht auf Erhalt von Post garantierten. ...

Zur Erinnerung noch einmal die Genfer Konvention, unterzeichnet am 12. August 1949 – und nie annulliert oder außer Kraft gesetzt –: »Die Kriegsgefangenen sind jederzeit mit Menschlichkeit zu behandeln ... Die Kriegsgefangenen müssen ferner jederzeit geschützt werden, namentlich auch vor Gewalttätigkeit oder Einschüchterung, Beleidigungen und der öffentlichen Neugier ... Die Unterkunftsbedingungen der Kriegsgefangenen sollen ebenso günstig sein wie diejenigen der im gleichen Gebiete untergebrachten Truppen des Gewahrsamsstaates ... Keinesfalls dürfen Disziplinarstrafen unmenschlich, brutal oder für die Gesundheit der Kriegsgefangenen gefährlich sein.«

Wieder die Frage: Erinnerten die maßgeblichen deutschen Medien daran?

Die Antwort lautet: Mit einer Ausnahme nicht! Die Ausnahme wird repräsentiert durch den langjährigen »Spiegel«-Herausgeber Rudolf Augstein, der schon am 21. Januar des Jahres 2002 unter der Überschrift »Ach Amerika!« geschrieben hatte: »In Europas Kanzleien reagieren Politiker und Juristen schon gar nicht mehr, wenn die Regierung der Vereinigten Staaten sich unmenschlich aufführt. Die meisten fressen ihren Groll still in sich hinein. Wer will in diesen Tagen der internationalen Einigkeit schon die einzige Weltmacht kritisieren. Und stehen die Amerikaner nicht wie ein Mann hinter ihrem Präsidenten, der doch offensichtlich alles kann (außer eine Brezel essen)?

Nach den Anschlägen am 11. September gehörten den Amerikanern die Sympathien der Welt und Washington nutzte diesen Goodwill, appellierte bei der Zusammenstellung einer weltweiten Anti-Terror-Koalition auch an die hohen ethischen Ansprüche und Menschenrechtsgarantien einer freien Gesellschaft. Von einer Zivilisation, die es auch mit dem Einsatz militärischer Gewalt zu verteidigen gelte, war die Rede. Von der Überlegenheit des Rechtsstaats. Schnell beugte man sich in Berlin und anderswo zum Kniefall der ‚uneingeschränkten Solidarität': Der Gestus der moralischen Überlegenheit ist den Amerikanern gut bekommen. Vielleicht zu gut. Denn jetzt regiert offenbar nicht mehr das Prinzip Gerechtigkeit, sondern der Durst nach Rache. ...

Schon der Transport der Gefangenen lief unter menschenunwürdigen Umständen ab – und in klarer Verletzung des internationalen Rechts. Das Anketten und zwangsweise Betäuben unrechtmäßig. Das Überstreifen von Gesichtskapuzen – im Widerspruch zur Anti-Folter-Konvention von 1984. Das erzwungene Rasieren von ‚religiösen' Bärten aus hygienischen Gründen – durch kein Recht abgedeckt und darüber hinaus eine ganz und gar überflüssige Demütigung, die jedes Vorurteil von Muslimen gegenüber kreuzzüglerischer ‚Siegerjustiz' bestärken wird. Und die zur Farce macht, was Washington seinen Gefangenen zugesteht: dass sie kein Schweinefleisch essen müssen, dass sie auf einem der beiden ihnen ausgehändigten Handtücher gen Mekka gerichtet beten dürfen. Die Unterbringung in Guantánamos ‚Camp X-Ray' spottet im Übrigen jeder Beschreibung. Die Internierten werden bei feuchtheißem Klima in offenen Käfigen gehalten, ein Meter achtzig mal zwei Meter vierzig. Bei einer ähnlichen Einpferchung von Schimpansen würde sich die Empörung der Tierschutzverbände überschlagen.

Sollen die Gefangenen, womöglich für unmenschlichen Terror verantwortlich, unter unmenschlichen Bedingungen mürbe gemacht und gebrochen werden? Es würde zu einer Diskussion passen, die zurzeit im amerikanischen Rechtsstaat in höchsten Kreisen und geradezu erschreckend emotionslos geführt wird: ob und wie man foltern darf, um von Verdächtigen Informationen zu erhalten. Bisher ist das in Demokratien nicht üblich. Oder soll durch solches Vorgehen in Washington nur davon abgelenkt werden, dass die eigentlichen Kriegsziele in Afghanistan ja noch lange nicht erreicht sind? Zwar wurden die Taliban, die Washington einst mit an die Macht gebracht hat, nun durch Washingtons Bomben von der Macht vertrieben, Kabul hat Chancen auf eine bessere

Zukunft. Aber das war ja nur ein Nebenprodukt amerikanischer Absichten. Es ging Washington primär um den Terroristenchef Bin Laden, ‚tot oder lebendig'. Nun sieht es fast so aus, als hätte man die Suche nach ihm eingestellt; tot wäre er Washington wohl recht, aber bevor sie ihn einem internationalen Gericht auslieferten, sähen sie ihn lieber irgendwo wohlbehalten im pakistanischen Untergrund.

Weil die alten Ziele noch nicht zu verwirklichen sind, werden außenpolitisch neue verfolgt. Schon stehen amerikanische Spezialtruppen im Süden der Philippinen. Ein Großangriff gegen den Irak ist wohl nur vorläufig zurückgestellt: Man will die muslimische Welt nicht ganz gegen sich aufbringen. Befrieden wird die sich erst dann lassen, wenn Washington seine doppelzüngige Nahost-Politik aufgibt und auch die Israelis zu schmerzlichen Konzessionen zwingt. Bushs grundsätzliche Befürwortung eines palästinensischen Staates wird da nicht genügen.

Peinlich für die Scharfmacher in der amerikanischen Regierung um Verteidigungsminister Rumsfeld: Gerade erst haben sie die Vereinten Nationen ‚wiederentdeckt', um sie für ihren weltweiten Anti-Terror-Feldzug zu instrumentalisieren, und jetzt werden sie ausgerechnet von der UNO abgestraft: Mary Robinson, UNO-Menschenrechtsbeauftragte, mahnte öffentlich die Einhaltung von Grundrechten für Taliban- und al-Qaida-Gefangene an. Die Empörung der Mehrheit der Amerikaner ist ihr gewiss. Dass immerhin nicht die gesamte Öffentlichkeit in den USA gleichgeschaltet ist (wo im Fernsehsender CNN auf Anweisung des Chefs zivile afghanische Opfer nicht ‚in den Mittelpunkt rücken' sollen), beweisen Zeitungen wie die ‚New York Times', aber auch einige mutige Professoren. Der Jurist Michael Byers von der Duke University in North Carolina beispielsweise nannte die Behandlung der Guantánamo-Gefangenen schändlich: Die Menschenrechte seien dann am wichtigsten und müssten durchgesetzt werden, ‚wenn Regierungen besonders versucht sind, sie zu verletzen'.

Soll heißen: Die Amerikaner können sich nur dann aufs hohe moralische Ross setzen, wenn sie sich an ihren eigenen Maßstäben messen lassen. Eine Demokratie ist immer nur so gut, wie sie sich gegenüber dem (mutmaßlich) schlimmsten Terroristen verhält.«

So weit Rudolf Augstein, der am 7. November 2002 an den Folgen einer Lungenentzündung starb und der ob seines klaren Mutes auch in diesem Zusammenhang verdient, gewürdigt zu werden!

Abschied

Müssen wir noch einmal zurück nach Guantánamo?

Und ob! Es gibt viele Gründe.

Noch haben wir nur über die Computerschule und das KZ berichtet. Zu sagen wäre aber noch: Ihren Namen verdankt die Stadt den indianischen Ureinwohnern. Guantánamo heißt so viel wie »Stadt zwischen den Flüssen«, denn hier mündet der Rio Bano in den Rio Guaso und im Westen markiert der Rio Jaibo die Stadtgrenze. Dazwischen lebt eine Viertemillionen Menschen in einer Stadt, die man durchaus rühmen darf, »grün« zu sein.

Gegründet wurde sie um 1800. Französische Pflanzer waren in hellen Scharen aus Haiti nach Kuba geflohen und hatten sich dort niedergelassen. Die Stadt wuchs schnell und schon 1871 wurde der Bahnhof in Betrieb genommen, was vor allem dem rapide zunehmenden Zuckerrohranbau zuzuschreiben war.

Die um die Jahrhundertwende folgende Errichtung der Marinebasis beschleunigte den wirtschaftlichen Aufschwung. Weil vor allem vielen Seeleuten der Name Guantánamo viel zu lang war, reduzierten sie ihn auf »Gitmu«. Der Hafen wuchs wie alle Häfen der Welt: Ladekräne, Kneipen, Spielsalons, Bordelle, Läden. Moderne Villen entstanden, elegante Handelskontore wurden errichtet.

Wer sich amüsieren wollte, fuhr mit der Kutsche nach Gitmu, denn in der Stadt Guantánamo legte man Wert auf züchtiges Leben. Als Wahrzeichen der Stadt galt die sittsame La Fama, eine Frauenskulptur, die heute noch die Kuppel des während des Ersten Weltkriegs errichteten Palacios Saleines schmückt.

Die Pedro-A.-Perez-Straße stieg schon bald zur Metropolenallee auf. Sie verbindet den Bahnhof, von dem heute allerdings nur noch Züge nach Santiago fahren mit dem Plaza Martí. Dieser nach dem berühmtesten Kubaner benannte Park mit seinen malerischen Bänken im Schatten der Bäume, soll für alle Zeiten an den Mann erinnern, der als Literat und Soldat viele Kapitel der kubanischen Geschichte schrieb.

Um nicht in Verdacht zu geraten, nur große Politik verbreiten zu wollen, noch ein Tip für Touristen ohne große Ambitionen: Wer die Absicht haben sollte mit dem Fahrrad durch Guantánamo zu fahren, sollte sich merken, dass unerlaubtes Parken der Zweiräder dort mit 50 Pesos bestraft wird, während am bewachten Fahrradstand nur 1 Peso zu entrichten ist. Das hat die Fahrraddiebe verarmen lassen.

Das örtliche Museum diente früher als Gefängnis und widmet sich neben der Geschichte der Stadt vor allem den Lebensbedingungen der Cimarrones, wie man die geflohenen Sklaven nannte. Die hatten vor den Toren der Stadt ihre Siedlungen errichtet. Es wären da noch manche Sehenswürdigkeiten in der Stadt, aber vor allem bewegte uns das Schicksal José Martís.

Die wenigsten wissen, dass der Literat und Freiheitskämpfer auch zwei bewegende Feldtagebücher schrieb, in denen er viele Einzelheiten des Befreiungsfeldzugs der Kubaner gegen die Spanier festhielt. 1895 war er in der Dominikanischen Republik aufgebrochen und über Haiti reisend an Bord eines deutschen Schiffes an der Westspitze Kubas gelandet. In manchem erinnert sein Marsch in Richtung Havanna an den Fidel Castros fast sechs Jahrzehnte später. Im April 1895 war Martí mit seinem Trupp an Guantánamo vorübergezogen und notierte in seinem Tagebuch: »27. April Schließlich das Lager auf dem Landgut von Filipinas. Ich widme mich sogleich Fragen der Rechtsprechung; Gómez schreibt neben mir in seiner Hängematte.

Am Abend stößt Pedro Perez zu uns, der erste Aufständische von Guantánamo; achtzehn Monate hatte er sich versteckt gehalten, brach dann mit siebenunddreißig Mann, vom Tode verfolgt, auf und verfügt heute über zweihundert. Im Gebirge, bei den siebzehn Leuten seines Hauses, ist seine Frau, die uns die erste Fahne schickt.«

Die Befreiungsarmee, die Martí als heimlichen Oberbefehlshaber akzeptierte, war straff organisiert und zeichnete sich durch extreme Disziplin aus. Martí unter dem Datum des 4. Mai: »Kriegsgericht über Masabó. Er hat vergewaltigt und geraubt. Rafael führt den Vorsitz, Mariano klagt an. Masabó leugnet finster: brutales Gesicht. Sein

Verteidiger erinnert an unsere Ankunft und bittet um Gnade. Todesurteil. Als sie das Urteil verlesen, schält im Hintergrund ein Mann aus der Menge ein Zuckerrohr. Gómez hält eine Ansprache. ‚Dieser Mann ist nicht unser Kamerad. Er ist ein gemeiner Wurm.' ... Schließlich gehen sie, die Berittenen, der Delinquent, die gesamte Truppe, zu einer nahen, im Sonnenlicht liegenden Niederung. Ein ernster Augenblick – die schweigende, zusammengedrängte Truppe. Schüsse dröhnen, noch einer und noch einer, der Gnadenschuß. Masabó ist tapfer gestorben. ‚Wie soll ich mich hinstellen, Oberst? Mit dem Gesicht oder mit dem Rücken nach vorn?' – ‚Mit dem Gesicht!' – Im Kampf war er mutig.«

Zwischendurch schrieb Martí Briefe an Zeitungsredaktionen, die den Kampf der Kubaner verzerrt dargestellt hatten. (Etwa so wie heute...)

Berühmt wurde sein Schreiben an den Direktor der »Evening Post« vom 21. März 1889: »Sehr geehrter Herr! Bitte gestatten Sie mir, daß ich mich in Ihrer Zeitung auf den kritischen Angriff der Kubaner beziehe, den der ‚Manufacturer' in Philadelphia veröffentlichte und der mit Ihrer Erlaubnis in Ihrer gestrigen Nummer nachgedruckt wurde. ...

‚Manufacturer' schreibt ... ‚daß unser Mangel an männlicher Kraft und Selbstachtung sich in der Apathie zeigt, mit der wir uns so lange der spanischen Unterdrückung unterworfen haben', und ‚daß unsere Versuche der Rebellion leider so unwirksam gewesen sind, daß sie sich kaum von einer

Farce unterscheiden'. Nirgends haben sich größere geschichtliche Ignoranz und der Charakter so deutlich offenbart wie in dieser leichtfertigen Behauptung. Um nicht mit Bitterkeit zu antworten, sollte man daran erinnern, daß mehr als nur ein Amerikaner sein Blut an unserer Seite in einem Krieg vergoß, den ein anderer Amerikaner als ‚Farce' bezeichnen zu müssen meinte. Eine Farce! Der Krieg, der von den ausländischen Beobachtern mit einer Epopöe verglichen wurde, die Empörung eines ganzen Volkes, der freiwillige Verzicht auf den Reichtum, die Abschaffung der Sklaverei im ersten Moment unserer Freiheit, das Inbrandsetzen unserer Städte mit unseren eigenen Händen, das Entstehen von Dörfern und Fabriken in den unberührten Wäldern, das Bekleiden unserer Frauen mit den Blättern der Bäume, das zehn Jahre währende Inschachhalten eines mächtigen Gegners, der zweihunderttausend Männer im Kampf mit einem kleinen Heer von Patrioten verlor, deren einzige Hilfe die Natur war! Wir hatten weder Hessen noch Franzosen, weder Lafayette noch von Steuben, noch königliche Rivalitäten, die uns hätten helfen können; wir hatten nur einen Nachbarn, der ‚den Einflußbereich seiner Macht erweiterte und gegen den Willen des Volkes handelte', ...

José Martí«

Noch ehe der zweite Unabhängigkeitskrieg damit endete, dass Kuba eine Art USA-amerikanischen Protektorats wurde, kam José Martí in einem Scharmützel mit den Spaniern ums Leben. In dem

1986 bei Rütten und Loening erschienenen Martí-Buch »Mit Feder und Machete« schrieb Hans-Otto Dill über jenen 19. Mai 1895: »Die Vorhut der Spanier wird von den Kubanern überrannt. Das Gros der Kolonialsoldaten verschanzt sich und empfängt die zahlenmäßig unterlegenen Angreifer mit einem Kugelhagel, so daß diese sich zurückziehen müssen. Martí geht, entgegen den Anordnungen von Gómez, nach vorn. Er wird begleitet von dem militärisch unerfahrenen Kornett Miguel Angel de la Guardia, der fast noch ein Kind ist. Als die Kubaner zurückweichen, folgt ihnen das Pferd Martís ohne seinen Reiter.

Als der Leichnam José Martís identifiziert wird, schreibt der Kommandant der spanischen Abteilung, Oberst Ximenes de Sandoval, an General Marcelo Azcarate: ‚Dank dem Schutze Gottes hatte die unter meinem Befehl stehende Abteilung das Glück, den unermüdlichen Agitator und Propagandisten Don José Martí zu töten.'

Das Herz eines tapferen Mannes, eines bedeutenden, weitsichtigen und charakterfesten Revolutionärs hat an jenem 19.Mai 1895 – Martí stand im zweiundvierzigsten Lebensjahr – aufgehört zu schlagen.

Sein Tod gibt Rätsel auf. Manche seiner Freunde glaubten an einen Verrat, andere sprachen von einem möglichen Selbstmord. Tatsache ist, daß Martí den Tod nicht scheute; aber er suchte ihn auch nicht. Solange er lebte, wollte er alles geben, um sein Volk einer glücklichen Zukunft entgegenzuführen. Von seinem Tod, den er einkalkuliert hatte, erhoffte er sich das Signal zu einem Heroismus ohnegleichen, zu einem exemplarischen Hinauswachsen seines Volkes über sich selbst. Sein Tod noch sollte nützlich sein. ‚Der Tod', so schreibt er, und es mutet wie sein eigenes Epitaph an, ‚ist ein Sieg, und hat man richtig gelebt, ist der Katafalk ein Triumphwagen.'«

Ein halbes Dutzend Jahre nach Martís tragischem Tod wurde Guantánamo Bay den US-Amerikanern überschrieben, die sich damit für alle Zeiten ihren Brückenkopf auf der Insel sicherten.

José Martí konnte nicht ahnen, dass sie dort eines Tages ein Konzentrationslager errichten würden, aber wer seine Schriften kennt, weiß, dass er es ihnen zugetraut hätte...

Schließen wir das Buch über dieses derzeit modernste Konzentrationslager der Welt mit Worten von José Martí, die er kurz vor seinem Tod an den dominikanischen Politiker Federico Henriquez y Carvajal geschrieben hatte.

»Wer mein Kuba liebt, den nenne ich in einem großen Aufschrei – Bruder. Und ich habe keine anderen Brüder als die, welche es lieben.

Adiós, auch meinen wackeren und gütigen Freunden. Ich verdanke Ihnen einen Hauch von Größe und Reinheit in der Rauheit und Häßlichkeit dieses menschlichen Universums. Erheben Sie laut die Stimme; denn wenn ich falle, falle ich auch für die Unabhängigkeit Ihres Vaterlandes.

Ihr José Martí.«

Inhalt

3 Einsteigen nach Guantánamo

11 Ein Kapitel KZ-Geschichte

13 Erinnerung an den Nürnberger Prozess

19 Anklagerede in Genf

28 Castro und Guantánamo

34 Die Geschichte eines Australiers

48 Sherlock Rose ...

53 Analyse eines Pachtvertrages

61 Spitzenbeamter verliert die Nerven

69 Aufschlussreiche Vergleiche

74 Wer verteidigt Menschenrechte?

89 Abschied